卷 首 语

让历经沧桑的非遗变得鲜活生动

葛明铭

　　10多年前，"非遗"对绝大多数中国人来说还是一个陌生的名词，或是文化长河中一朵随流而去的明日黄花，而今天在我们的生活中，则时不时地出现非遗那历经沧桑的背影。我们发现它正转身面向我们走来。这个历经沧桑的陌生背影其实正是我们文化基因的母体。

　　我国地域辽阔，历史悠久，民族和文化形态多样，因此非遗的宝库充盈而瑰丽。已经发掘整理出的非遗项目已令人目不暇接，而还有更多在沉睡中的非遗等待我们去唤醒。

　　我多年来关注和从事传统戏剧、曲艺非遗项目的传承保护工作，看到非遗保护传承工作得到了从上到下的重视，不再是文化行政管理部门"剃头担子一头热"了，如今院团、专业演员、民间艺人都对非遗表现出了极大的热情。政府每年通过非遗传承单位申报、专家评审给予传承单位和传承人专项资金帮助，把非遗保护工作落到了实处。在政府部门资助下，一些"年久失修"甚至行将湮没的书目、曲目、剧目得到了挖掘、整理、出版、演出，一些鲜为人知的民间艺术开始进入大众视野。一些得到资助的民间曲艺老艺人，激动地形容自己是"枯木逢春"。一些非遗保护单位的非遗表演道具破旧不堪，得到资助后重新制作更新，以焕然一新的面貌出现在社区群众面前，赢得了社区群众对非遗进一步的好感。

　　在政府资助非遗传承项目的工作中，精准扶持和讲究实效至关重要，比如在对传统戏剧、曲艺院团和民间非遗申报主体的非遗专项资金的申请、评审、发放中，如何精准地"雪中送炭"，减少"锦上添花"；如何"突出重点"，避免"排排坐吃果果"的平均主义等，需要政府非遗管理部门和评审专家做得更细、更实、更精准。

　　近年来，随着非遗传承单位和传承人数量的不断增加，探索和研究非遗保护工作中的新问题、新要求、新方法，成为政府非遗保护部门和传承人新的课题，比如非遗的社会利用，非遗进社区、进校园、进家庭，非遗传承人的传承实效，非遗传承与商业运作的良性结合，非遗传承单位在日常的传统戏剧、曲艺演出活动中加强非遗元素，非遗文创产品的开发和经营等。

　　让非遗项目鲜活起来，让非遗有趣起来，也让非遗年轻起来。在保存非遗传承项目原汁原味的前提下，让非遗走近年轻一代。

　　当非遗那个沧桑的背影转过身来走近我们时，我们会发现它的可亲可敬，一代又一代的艺人、匠人的文化智慧通过非遗传承，会让我们和我们的后代变得更有文化情怀和文化自信！ ❖

作者简介：葛明铭，上海人民广播电台编审，上海市非遗保护工作专家委员会委员。

2020 3
CONTENTS 目录

总第19辑

主　办　上海师范大学
　　　　上海教育出版社
承　办　上海师范大学中国非物质
　　　　文化遗产传承研究中心

主　编　陆建非　缪宏才
副主编　袁　彬　林银光
　　　　戴建国

编委会

主　任　陆建非
副主任　陈　恒　袁　彬
委　员 （以姓氏笔画为序）
　　　　王　元　张文潮
　　　　董丽敏

编辑部

主　任　林银光
副主任　徐川山　王　元　汤建国

责任编辑　毛　浩

刊名题字　陆建非

非遗传承研究
RESEARCH ON INTANGIBLE CULTURAL HERITAGE

非遗传承研究
RESEARCH ON INTANGIBLE CULTURAL HERITAGE

目录 2020 3
CONTENTS

地　址　上海师范大学文馨楼
　　　　C 座 102 室
邮　编　200234
电　话　021-64321638
邮　箱　fyjk2016@163.com

对《保护非物质文化遗产公约》与非遗保护的探讨

葛玉清

摘　要: 2003 年，联合国教科文组织第三十二届大会通过了《保护非物质文化遗产公约》，它成为国际上非遗保护工作的纲领性文件。我国自 2004 年加入这个公约以来，在法律法规、名录制度建设、保护传承实践等方面取得了举世瞩目的成绩。本文以《保护非物质文化遗产公约》为基础，简要对比文化领域的三个国际公约的异同，结合《中华人民共和国非物质文化遗产法》，探讨与《保护非物质文化遗产公约》紧密相关的关键概念，并就当下保护非遗和实现可持续发展所面临的问题进行阐述。

关键词: 《保护非物质文化遗产公约》;《中华人民共和国非物质文化遗产法》; 可持续发展; 保护

非遗源自不同文明的文化传统，承载着人类的灿烂文明，是人类的共同遗产，是思想和社会革新的源泉，也是帮助人类实现开放和打开新思路的手段。2003 年，联合国教科文组织通过了《保护非物质文化遗产公约》，从维护世界文化多样性和确保人类社会可持续发展的战略高度，强调保护非遗的重要性与可持续性，以唤起国际社会和各国民众对保护人类共同遗产的热情，从而推动非遗保护事业在全球范围的发展。

一、文化领域三个国际公约的比较

2010 年，联合国教科文组织在全球范围内发起了保护非遗能力建设战略，笔者通过对能力建设培训内部资料的梳理得知，"非物质文化遗产"的概念最早出现于 20 世纪 70 年代。1973 年，玻利维亚常驻联合国代表团提交了《保护民俗国际文书议定案》，提议在《世界版权公约》中增加一项议定书，以保护民间文学。尽管这项建议没有被采纳，但它有助于提升人们对非物质遗产纳入文化遗产领域的认识。1982 年，联合国教科文组织成立保护民俗专家委员会，并在其机构内部设立非物质遗产处。1989 年，联合国教科文组织第二十五届全体大会上通过了《保护民间创作建议案》，建议世界各国尽快采取行动，保存、保护并传播民间创作这一全人类的共同遗产。该建议案鼓励国际合作，并将认定、保存、传播和保护传统文化的措施纳入其中。受到日本和韩国经验的启发，联合国教科文组织于 1994 年启动了"活的人类财富"计划，鼓励继续传承非遗实践; 1997 年至 1998 年，联合国教科文组织开始了"宣布人类口头和非物质遗产代表作"项目，通过强调独特的项目提升人们对非遗的关注。1999 年，联合国教科文组织和史密森学会共同组织"1989 年《保护民间创作建议案》全球评估: 在地赋权与国际合作"国际会议，对建议案通过 10 年来的效果和争议进行全面评价，探讨民俗保护的有效框架。2000 年，联合国教科文组织开始起草关于非遗的纲领性文件，并于 2003 年 10 月在第三十二届全体大会上通过了《保护非物质文化遗产公约》，由此开辟了保护人类文化遗产的新领域，此公约的通过具有划时代意义。

联合国教科文组织在文化领域做了很多规范性的行动，涉及物质、非物质和自然遗产，文化多样性，以及版权三个方面，至今通过了七个公约: 1952 年《世界版权公约》(1971 年修订)、1954 年《关于发生武装冲突时保护文化财产的公约》、1970 年《关于禁止和防止非法进出口文化财产和非法转让其所有权的方法的公约》、1972 年《保护世界文化和自然遗产公约》、2001 年《保护水下文化遗产公约》、2003

作者简介: 葛玉清，联合国教科文组织亚太地区非物质文化遗产国际培训中心培训部主任，中国艺术研究院副研究员、硕士生导师。

4

RESEARCH ON INTANGIBLE CULTURAL HERITAGE 3rd issue 2020

年《保护非物质文化遗产公约》和2005年《保护和促进文化表现形式多样性公约》。其中，主持制定关于全球保护文化遗产的公约主要有三个，即1972年联合国教科文组织第十七届大会通过的《保护世界文化和自然遗产公约》（下称"1972年公约"）、2003年联合国教科文组织第三十二届大会通过的《保护非物质文化遗产公约》（下称"2003年公约"）、2005年联合国教科文组织第三十三届大会通过的《保护和促进文化表现形式多样性公约》（下称"2005年公约"），它们之间联系紧密，相互依存。

1. 1972年公约与2003年公约

保护物质文化遗产的措施与社区、群体和个人参与保护非遗的措施有本质区别，1972年公约难以将非遗纳入其框架中，2003年公约旨在制定关于非遗及其保护的独立公约。1972年公约强调对遗产真实性和完整性的衡量标准，不允许有任何虚假和重建的痕迹。2003年公约的目的，不是要确定从历史意义上来说真实、准确的非遗项目实践或传承方法，不鼓励可能导致非遗项目"冻结"的行为。"突出普遍价值"可以说是世界遗产的核心价值，也是列入《世界遗产名录》的标准之一，2003年公约强调的是要确保对相关社区、群体和个人的非遗的尊重，提高人们对非遗及其相互欣赏的重要性的意识。

2. 2003年公约与2005年公约

2003年公约关注的重点是鼓励社区和社区内部开展非遗的可持续性实践和传承。非遗的保护可以直接或间接地对相关社区和群体的福祉以及和谐发展做出贡献。反过来说，如果非遗的实践和传承被突然打断，社区的福祉和发展可能会受到严重的危害。2005年公约关注的焦点是当代的、个人的文化表达，其中包括音乐、电影、手工艺、绘画、表演等，它不强调对文化表达的代代传承。该公约的目的是促进文化生产和产业繁荣，规范文化产品和服务的传播，强调通过加强从制作到传播、获得、享受等创作性过程来促进发展。

相比较联合国教科文组织的其他公约而言，批准各国加入2003年公约的速度是非常快的，至今已有178个国家成为缔约国。这表明在国际层面上，各国对非遗保护已形成广泛共识。2003年公约为各国的保护行动提供了可参照的国际准则。

二、从2003年公约和《中华人民共和国非物质文化遗产法》角度探讨几个关键词

我国非遗保护工作伴随着全球化和社会工业化、城镇化进程而开展，在这种历史条件下，非遗既面临遭受冲击、加速消失的现实威胁，也恰逢承上启下、继往开来的历史机遇。2004年8月，经第十届全国人民代表大会常务委员会第十一次会议表决通过全国人大常委会关于批准联合国教科文组织《保护非物质文化遗产公约》的决定，我国由此成为第6个加入该公约的国家。

为了更好地保护非遗，传承和弘扬中华民族优秀传统文化，积极履行国际公约的责任与义务，全国人大常委会、国务院、文化和旅游部等部门就非遗保护与管理、专项资金管理、代表性传承人认定与管理、文化生态保护区建设、生产性保护、传统工艺振兴等制定和发布了一系列文件。2011年，第十一届全国人民代表大会常务委员会第十九次会议通过了《中华人民共和国非物质文化遗产法》（下称《非遗法》），它确立了非遗在国家社会生活中的法律地位，为非遗保护工作提供了强有力的法律保障，做到有法可依，违法有责。

《非遗法》的出台，积极响应了2003年公约关于在国家一级保护非遗的指导要求，即各缔约国应该"采取必要措施确保其领土上的非物质文化遗产受到保护"（公约第十一条），并且为了达到保护、弘扬和展示的目的，各缔约国应努力做到"制定一项总的政策，使非物质文化遗产在社会中发挥应有的作用，并将这种遗产的保护纳入规划工作"（公约第十三条第一款），以及"采取适当的法律、技术、行政和财政措施"（公约第十三条第四款）。《非遗法》的制定，符合2003年公约的基本理念和精神，既借鉴了国外非遗保护的立法和研究成果，又总结、吸纳了中国近年来保护工作实践经验，具有中国自己的特色。

下面，笔者从2003年公约和《非遗法》的理念出发，对非遗保护中的几个关键词进行讨论。

1. 关于"非物质文化遗产"的定义

2003年公约中明确了非遗的定义，即"指被各社区、群体，有时是个人，视为其文化遗

法律法规 Laws and Regulations

非遗传承研究 2020 (3)

5

法律法规

Laws and Regulations

产组成部分的各种社会实践、观念表述、表现形式、知识、技能以及相关的工具、实物、手工艺品和文化场所。这种非遗世代相传，在各社区和群体适应周围环境以及与自然和历史的互动中，被不断地再创造，为这些社区和群体提供认同感和持续感，从而增强对文化多样性和人类创造力的尊重。在本公约中，只考虑符合现有的国际人权文件，各社区、群体和个人之间相互尊重的需要和顺应可持续发展的非物质文化遗产"（公约第二条第一款）。在这一定义中，有以下三点值得关注：第一，非遗是由社区、群体和个人认定的，而不是其他人或其他组织、机构，这表明了社区、群体和个人的重要性；第二，非遗代代传承，且随着时间和自然环境、历史的发展而变化，是被不断再创造的；第三，非遗能够给社区和群体带来认同感和持续感，也就是说它能够从精神层面给人们带来或增强身份认同感。此外，上述定义提到了"相关的工具、实物、手工艺品和文化场所"，表明非遗实践与物质的关联性，但这些物品和文化场所本身并不具有独立的非遗价值。

参照 2003 年公约，并根据我国国情，《非遗法》第一章第二条将非遗定义为"各族人民世代相传并视为其文化遗产组成部分的各种传统文化表现形式，以及与传统文化表现形式相关的实物和场所。包括：（一）传统口头文学以及作为其载体的语言；（二）传统美术、书法、音乐、舞蹈、戏剧、曲艺和杂技；（三）传统技艺、医药和历法；（四）传统礼仪、节庆等民俗；（五）传统体育和游艺；（六）其他非物质文化遗产"。这一定义同样强调了非遗是"世代传承"和"被持有者认同"的这两个必要属性。而它在明确非遗涵盖对象和适用范围上与 2003 年公约有所不同。2003 年公约在前款定义基础上，将非遗分为五个方面："1. 口头传统和表现形式，包括作为非遗媒介的语言；2. 表演艺术；3. 社会实践、仪式、节庆活动；4. 有关自然界和宇宙的知识和实践；5. 传统手工艺。"

2. 关于"保护"的认识

2003 年公约和《非遗法》分别对非遗保护做了阐述。2003 年公约第二条第三款提到："'保护'指确保非物质文化遗产生命力的各种措施，包括这种遗产各个方面的确认、立档、研究、保存、保护、宣传、弘扬、传承（特别是通过正规和非正规教育）和振兴。"上述引文中，第一个"保护"对应的英文为 safeguarding，指积极采取的一切保障措施，具有主动性和全面性；第二个"保护"对应的英文是 protection，指采取的某种措施或方法，是具体的、专有的。"生命力"一词表明了非遗包含的两个层面：客观的本体和精神的内涵。客观的本体，是人们可见的非遗的各种表现形式；精神的内涵，是非遗所蕴含的精神价值、思维方式、想象力和文化意识，由其产生的凝聚力，促使人们在思想上产生价值认同感，在观念上形成身份归属感和文化认同感。因此，"确保非物质文化遗产生命力的各种措施"是指从以上两个方面采取的保护。该表述中列举了九种具体的保护措施，鼓励缔约国在不同阶段、不同情况下采取相应的措施。

我国《非遗法》第四条规定："保护非物质文化遗产，应当注重其真实性、整体性和传承性，有利于增强中华民族的文化认同，有利于维护国家统一和民族团结，有利于促进社会和谐和可持续发展。"这里所说的"真实性"，与 1972 年公约中关于保护世界遗产的真实性是不同的，前者强调的是准确、客观地记录和反映非遗的形态、内涵和其他信息，它是包括调查、记录、建档、传承、传播等在内的一切保护工作的重要前提和基础。这里所说的"整体性"，有两层含义：强调非遗项目本体的整体性，每一项非遗都包含着多种文化表现形式，保护时要全面、整体地进行；强调非遗项目与其相关实物和场所，以及所依存的自然、人文环境构成的整体性，要将它们一并纳入保护范围。这里所说的"传承性"，是非遗保护的独有原则，非遗"世代相传"延续至今，保护工作也要注重"以人为本、活态传承"。

3. 关于"社区、群体和个人"的理解

"社区、群体和个人"是 2003 年公约贯穿始终的一个概念，虽然没有给出明确定义，但公约第十五条指出，"缔约国在开展保护非物质文化遗产活动时，应努力确保创造、延续和传承这种遗产的社区、群体，有时是个人的最大限度的参与，并吸收他们积极地参与有关的管理"。2003 年公约缔约国大会第二届会议通过，并在第三届至第七届会议上修正的《实施〈保护非物质文化遗产公约〉的业务指南》（以下简称"业务指南"）对非遗保护各个环节和一些措施作出阐释："相关社区、群体和个人"可以被理解为：参与非物质文化项目实践和传承，保证项目存续，并将非遗看作是其文化遗产一部分的人，社区、群体和个人参与非遗实践的各个部分、各个阶段。联合国教科文组织编写的保护非遗能力建设培训内部资料指出，在一些情况下，"群体"可以被理解为一个社区中的一群人，他们是在非遗实践和传承中发挥特别作用，或对某一非遗项目有特殊知识的跨社区的一群人，如从业者、管理者。值得注意的是，社区和群体是具有量变性的实体，人们可以加入也可以离开，而且人们可以同时归属于不同的社区。

受文化传统、风俗习惯和社会环境等因素的影响，各个国家对社区、群体和个人有不同的理解和定义。联合国教科文组织的保护非遗能力建设培训内部资料提到，各缔约国为了更好地履行 2003 年公约，可根据各类标准，如行政区划、地理区域、宗教信仰、民族语言、职业类别等对社区进行定义，也可根据一组或一个非遗项目，对社区、群体和个人进行定义。在《非遗法》中，尽管没有使用"社区、群体和个人"，而使用了"各族人民"这一统称，不过，在开展实际保护工作过程中，却是提倡和肯定社区、群体和个人在非遗实践和保护传承中发挥的重要作用。对于社区，人们更多的是从行政区划、地理区域、风俗习惯的角度来理解和定义。

4. 关于"清单"的说明

2003 年公约十二条第一款指出，缔约国可以最符合本国国情的方式制订非遗清单："为了使其领土上的非物质文化遗产得到确认以便加以保护，各缔约国应根据自己的国情拟订一份或数份关于这类遗产的清单，并应定期加以更新。"结合联合国教科文组织的保护非遗能力建设培训内部资料，对于清单和清单制订有以下几点说明：第一，根据公约第十六条款，"为了扩大非物质文化遗产的影响，提高对其重要意义的认识和从尊重文化多样性的角度促进对话，委员会应该根据有关缔约国的提名，编辑、更新和公布人类非物质文化遗产代表作名录"，清单应有助于"在地方、国家和国际一级提高对非物质文化遗

产及其相互欣赏的重要性的意识"，这也是公约的宗旨之一。第二，在制订清单时，需在相关社区、群体和有关非政府组织的参与配合下，确认和定义非遗项目。第三，清单制订有三个要求：（1）要有利于非遗受到保护，（2）要全面系统收集和公开非遗项目信息，（3）要定期更新。第四，在确认、收集清单信息及其制定和使用时，应对遗产项目中的习俗、做法予以尊重。

2003 年公约第十二条第二款要求各缔约国按规定，定期向联合国教科文组织政府间保护非物质文化遗产委员会提交履约报告，其中需报告有关清单的情况。业务指南第 151—169 条对此给出了具体解释：缔约国应每 6 年向委员会提交一次履约报告，包括对列入"人类非物质文化遗产代表作名录"项目保护情况的报告。对于列入"急需保护的非物质文化遗产名录"的项目，每 4 年提交一次项目保护情况报告。

在我国，清单更多地被表述为"名录"。我国已建立起国家级、省级、地市级、县级项目名录体系。最高级为国家级，《非遗法》第十八条规定："国务院建立国家级非物质文化遗产代表性项目名录，将体现中华民族优秀传统文化，具有重大历史、文学、艺术、科学价值的非物质文化遗产项目列入名录予以保护。"《非遗法》第十九条至二十四条，对国家级非遗代表性项目的推荐要求、评审程序和原则，以及公示、批准和公布做了明确规定。社区、群体和个人是非遗保护传承实践的主体，为了确保其最大限度地参与，我国还建立了与名录制度相对应的非遗代表性项目代表性传承人认定制度。目前，我国国家级非遗代表性项目共计 1372 项，认定国家级非遗代表性项目代表性传承人 3068名。根据相关统计数据，截至 2018 年底，我国省级非遗代表性项目共计 15777 项，省级非遗代表性项目代表性传承人共计 16432 名。

三、保护非遗和实现可持续发展面临的问题与对策

2015 年 9 月，联合国通过了指导全球未来发展的成果文件《改变我们的世界——2030 年可持续发展议程》（下称"2030 年可持续发展议程"），其核心是通过发展应对全球性挑战，助力各国经济转型升级，携手走上公平、开放、

全面的可持续发展之路，为提高全人类福祉做出贡献。2030年可持续发展议程关注社会、经济、环境三个维度，设定了17个可持续发展目标和169项具体目标。保护非遗，也是实现人类社会可持续发展的动力之一，2008年起，业务指南呼吁人们应更加重视非遗的这一重要作用。然而，由于世界各国、各地区发展不平衡，缔约国在履行公约、开展具体保护工作和实现可持续发展方面还存在着一些问题和不足。

第一，缺少资金支持，造成一些国家和地区非遗保护工作停滞不前。2003年公约缔约国中，80%是发展中国家。由于受经济发展不平衡、自然灾害以及局部不安全事件频发等影响，部分国家和地区的经济出现短时间内难以逆转的滑坡，非遗保护传承陷入困境，非遗走上可持续发展轨道面临极大挑战。

2003年公约第二十条提倡和鼓励采取国际援助的方式，以实现"保护列入《急需保护的非物质文化遗产名录》的遗产""编制清单""支持在国家、分地区和地区开展的保护非物质文化遗产的计划、项目和活动"等目标。在国际层面，联合国教科文组织专门设立了非遗基金，并规定了申请程序和评审机制。

在国家一级保护非遗层面，各国努力采取适当的行政和财政措施，以解决资金不足的问题。我国自加入2003年公约以来，在中共中央、国务院的高度重视下，经过各级政府主管部门和社会各界的共同努力，非遗保护工作取得了举世瞩目的成就。2005年，国务院印发了《国务院关于加强文化遗产保护的通知》，规定"安排专项资金，加强专业人才队伍建设"。2011年施行的《非遗法》对专项经费资助做出了明确规定，要求县级以上人民政府文化主管部门应当将非遗保护、保存纳入本级国民经济和社会发展规划，并将保护、保存经费列入本级财政预算；同时，县级以上人民政府文化主管部门应根据需要，支持非遗项目的代表性传承人开展传承、传播活动，提供必要的经费资助其开展授徒、传艺、交流等活动。据统计，2013年至2018年底，中央财政设立的国家非遗保护专项资金已累计投入54亿元用于传承保护工作，地方财政累计投入经费达46亿元。2016年，中央财政每年向每位国家级代表性传承人

提供的传习经费补助由之前的1万元增至2万元。正是得益于各级财政的稳定支持，中国非遗保护工作不断深化，成果丰厚。

第二，社会的多元化发展，使许多国家的非遗面临着后继乏人的困境。非遗是以人为本的活态文化遗产，人才培养是非遗保护工作的重要内容，也是可持续发展的重要保障。2003年公约倡导在各缔约国教育制度和政策范围内，尽力通过在相关社区和群体内开展具体教育和培训项目，使非遗在社会中得到认可、尊重和弘扬，发挥其对可持续发展的重要作用。同时，业务指南第180条明确鼓励将非遗尽量融入所有相关学科的教育项目中，加强各种教育实践和体系之间的协作和补充。

多年来，我国在解决非遗人才缺乏的问题上积极探索，不断寻找可持续发展的道路。比如，从十多年前开展的"非遗进校园"，到部分大学设立非遗专业，再到"中国非物质文化遗产传承人群研修研习培训计划"，我国正从国家层面将教育与非遗相融合，逐渐实现联合国教科文组织提出的通过正规和非正规教育增强非遗生命力的倡导。当前，我国还从职业教育的角度出发，加强非遗技能型人才的培养。2013年，教育部、文化部、国家民委印发了《关于推进职业院校民族文化传承与创新工作的意见》，对职业院校民族文化传承与创新工作进行了部署，要求职业院校把"授业"与"育人"有效结合，推动民族文化融入学校教育全过程。目前，三部委已确定了两批共162所全国职业院校民族文化传承与创新示范专业点，为培养非遗后继人才发挥积极的作用。

第三，随着城镇化进程的加快，非遗传统的传承方式和实践环境受到冲击，如何处理好包容性发展与非遗资源利用的关系，是各国面临的普遍问题。业务指南第183—186条指出了新的方向，缔约国应认识到非遗有益于促进经济发展的一面，它是经济建设可持续发展的一个重要组成部分。另外，人们还可以通过对非遗的学习和传承，获得生产性就业与体面的工作，从而实现稳定、平等和包容性经济发展，消除贫困和不平等。

（下转第10页）

建立国家非遗保护的科学体系

——在 2020 年 9 月 22 日习近平主持召开的教育文化卫生体育领域专家代表座谈会上的发言

冯骥才

近年来，关于文化遗产保护和传承工作的重大意义、必要性和深刻性，习主席已经讲得十分透彻、明晰、系统了。应该说，我们已经拥有指导做好这方面工作的强大的思想与理论。关键是我们怎么落实。怎么进一步做才能更加行之有效，深入人心，使我们优秀的文化遗产在实现中华民族伟大复兴的进程中发挥优势，并成为国家前进不可或缺的精神动力？

这关系到国家"十四五"期间的文化工作。我谈一点个人的思考与建议。

21 世纪以来，我国在大文化战略上，开始了两项史无前例的工作。一是抢救和保护非物质文化遗产，二是传统村落的认定。这两项工作都带有鲜明的时代性和刻不容缓的紧迫性。

经过多年努力，目前我国已经将中华大地上的非遗基本摸清，约有 10 万项进入国家、省、市、县四级非遗名录。进入国家级名录的非遗为 1372 项，已认定的传统村落为 6819 个。这两项工作，我国都走在了世界的前列。在联合国人类非物质遗产名录上，我国居于首位，远远高于其他国家。这表明我们这个文明古国的现代眼光，受到了国际知识界的高度认可。

当然，要对如此庞大又缤纷的历史文化财富进行保护，难度很大。更由于非遗是一种活态存在，较难把握，而且没有前人的经验可资借鉴，特别是在市场中还会受到利益的驱动和左右。非遗一旦失去本色便会得而复失。保护的工作充满挑战。

如何应对这些挑战，我最深的体会有两点：

1. 科学保护是根本

科学保护就是从文化遗产本身的性质、特点、规律、独特性出发，从实际出发，制定出一整套科学的保护规则、标准、内容、方法、制度与机制。这项工作目前还没有系统的规划。

我们必须给每一项已经列入国家保护范畴的文化遗产制定精确的档案；非遗是口头的、无形的、活态的和不确定的，必须通过文字和音像的记录、整理与编制，才能成为确凿的依据，这也是国家必须具备的重要文献。

要为每一项非遗的遗存制作"遗产清单"，设定责任人掌管，政府监管，保证遗产不再流失。

再有，保护工作需要切实有效的监督机制。监督应依据科学制定的保护标准与规范，并运用已有的《中华人民共和国非物质文化遗产法》监督执行。该法已颁布近十年，遗憾的是尚无执行个案。

只有建立起一整套科学并严格执行的保护体系，保护才有了保证，发展也有了依据。

作者简介：冯骥才，天津大学冯骥才文学艺术研究院院长。

2. 人才培养是关键

科学保护需要专业人才，没有专业人才就无法做到科学保护。这是关键问题。

可是我们的遗产的体量太大了，人才远远不足。日、韩是世界上较早开展非遗保护的国家，他们的每项非遗后边都有一些专家，我们现在绝大部分非遗是没有专家的。老专家愈来愈少，后继乏人。没有科学支撑和科学判定，是当前非遗保护最大的软肋。

问题的根由在我们大学学科的设置上。我国现在大学的学科中，文化遗产学、民艺学等还都没有独立的学科。虽然一些大学开设了非遗保护与科研的课程，但由于没有自己的学科地位，只能勉强地挂靠在邻近的学科上。不能独立招生，没有自己的名分，毕业的评定也受制于所挂靠学科专业不同的困扰。非遗教研举步为艰。而另一方面，每年都有很多年轻人想通过大学的学习与研究，投身到非遗保护的事业中。由于学科的空白，招生名额受限，很多年轻人只能放弃原先的志向。

一边是亟待科学支撑的中华大地上的非遗，一边是求学无门的年轻人。由于学科的不对位不配套，学科建设滞后，跟不上时代，致使我们的非遗保护陷入困局。

我们的文化遗产的保护与传承迫切需要一支奋发有为的生力军。如果我们能够有计划地、源源不断地培养这方面的人才，不仅是非遗保护事业本身的需要，我们还将渐渐拥有一支实实在在的弘扬中华优秀文化的骨干力量。我们急需这方面的知识骨干与人才队伍！

从建立国家非遗档案、规范管理，到学科设置与人才培养，是一个相互关联的科学体系，是一件大事，建议国家在"十四五"文化事业的顶层设计中予以考虑。

如果说本世纪以来的前一个阶段是"抢救性保护"的阶段，那么现阶段应该开始进入"科学保护"的新阶段了，即按照新时代的要求和文化的规律，科学地管理好我们祖先代代相传的宝贵遗产，使之根脉相续，永葆活力。让它生机勃勃地成为人民美好生活中最富民族气质与自信的一部分，成为中华民族伟大复兴持久的正能量。◆

（上接第 8 页）

我国的"十三五"规划提出了创新、协调、绿色、开放、共享的发展理念，与2030年可持续发展议程存在极大的共识，深刻地反映出进入新的历史时期，我国和国际社会在"可持续发展"方面的共同理念。为了有利于非遗在社会和经济方面实现包容性增长，大力推进文化扶贫工作，国家相继出台了振兴贫困地区传统工艺助力精准扶贫、支持设立非遗扶贫就业工坊等相关政策，得到各级政府、各地民众的积极响应。各地充分发挥本地非遗资源优势，促进就业增收，推动地方经济发展，增强社会凝聚力，既"扶志"又"扶智"，努力实现非遗传承发扬、经济平衡增长、社会和平繁荣的"多赢"。

以人为核心的非遗，为构建人类命运共同体提供了文明的智慧与精神的力量，为实现人类包容发展、绿色发展开辟了新的通道。从此意义上来看，非遗保护任重而道远。因此，各缔约国更要按照2003年公约的精神积极行动，履行责任和义务，推动人类全面可持续发展。◆

【主持人的话】

非物质文化遗产学的最大特点就是强调田野作业，所以它也被称为"一门需要用脚走出来的学问"。深入细致的田野作业，是我们发现非遗新项目、新价值、传承规律以及及时发现问题和解决问题的重要手段。在本期"理论研究"栏目中，我们推荐了在田野作业的基础上写成的三篇论文，由此大家或许能感受到田野作业的重要。

主持人：苑利，中国艺术研究院研究员、博士生导师，中国民间文艺家协会副主席，中国农业历史学会副理事长，中国民族文化遗产保护专业委员会主任。

古城里的非遗实践与反思

——以平遥古城为例

杨 婕

摘 要：文化遗产是文化在历史特定时期的表述，是祖先留给我们的特殊财富。随着文化遗产旅游的发展，各地都在探索如何更好地讲述地方故事，发扬地方特色，非遗成了人们关注和实践的重点。本文以世界文化遗产背景下的平遥古城为例，分析古城里的非遗实践，通过探究古城与非遗的相关互动，反思当下非物质文化遗产与物质文化遗产融合发展中存在的一些问题，希望引起人们的重视。

关键词：平遥古城；非遗实践；文化遗产

始建于周宣王时期的平遥古城，距今已有2800多年的历史，是全国仅存的保存较为完整的四座古城之一。平遥县，地处山西省中部，位于黄河中游、黄土高原东部的太原盆地西南，在太行山、吕梁山两襟中央。悠久的历史和优越的地理环境造就了平遥独特的历史文化内涵。1986年12月8日，平遥古城被国务院公布为第二批国家级历史文化名城；1997年12月3日，平遥古城与镇国寺、双林寺"一城两寺"一同被联合国教科文组织世界遗产委员会列入《世界遗产名录》。

文化遗产是文化在特定历史时期的表述，是一种特殊的财产，物质文化遗产和非物质文化遗产构成其不可分割的整体。随着经济的发展，文化遗产带动的旅游行业正蓬勃兴起，旅游资源丰富的平遥古城也在探索如何将旅游和非遗更好地结合。基于世界文化遗产的背景，关于平遥古城物质文化遗产的研究较为丰富，而对其非遗的关注较少，本文将对平遥古城里的非遗实践及其反思进行探讨。

一、古城里的非遗实践

随着非遗保护的深入开展，平遥的非遗逐步得到挖掘和记录。非遗在世界文化遗产平遥古城的地方叙事下，既依赖于其存在场所进行活态传承，又为古城的活态叙事提供了鲜活的

作者简介：杨婕，中国艺术研究院艺术学理论硕士研究生。

动力。

1. 平遥非遗的特色呈现

世界文化遗产平遥古城有着深厚的历史文化底蕴,这里丰富的非遗资源尤其值得我们关注。平遥各级非遗项目呈现出以下几个特点。

第一,数量众多,门类较全。

自2006年平遥推光漆器髹饰技艺入选首批国家级非遗名录以来,平遥入选国家级非遗代表性项目名录共有4项,包括平遥推光漆器髹饰技艺、平遥纱阁戏人、冠云牛肉传统加工技艺和道虎壁王氏中医妇科;入选省级非遗项目名录19项、市级非遗项目名录31项。平遥各级非遗项目中,有平遥十二景诗文、平遥古城地名传说等民间文学类6项,平遥纱阁戏人、平遥彩塑艺术等传统美术类18项,平遥民歌、平遥民间吹打乐等传统音乐类3项,平遥晋剧艺术、平遥秧歌等传统戏剧类3项,曲艺类"平遥弦子书"1项,平遥票号文化、平遥镖局文化等民俗类18项,平遥推光漆髹饰技艺、平遥灯艺等传统技艺类42项,平遥东戈山健脾丸、平遥道虎壁王氏中医妇科等传统医药类15项,平遥信拳、平遥王家花枪等传统体育、游戏与杂技类6项。

平遥非遗项目涉及9个门类,数量众多,类型结构上以传统技艺、传统美术、民俗、传统医药最为突出,但未见传统舞蹈类的项目。其中国家级非遗项目就有4项,且都代表了数量突出的4个门类,体现了平遥手工业的发达和医药传统的深厚。这背后与明清时期平遥票号的发展所带来的"汇通天下"的重要影响有着密切的联系。

第二,地域文化突出。

联合国教科文组织对平遥古城的评价成为平遥古城介绍自己最好的名片,即平遥古城是中国汉民族城市在明清时期的杰出范例,并且完整地保存了其历史轨迹中文化、社会、经济及宗教发展的面貌。真实性、完整性与唯一性构成其遗产的重要特征,无论是类型丰富的古代建筑、精妙绝伦的彩塑艺术,还是影响深远的晋商文化,都展示出平遥古城在中华民族历史长河中的重要地位。

平遥历来人多地少,土地贫瘠,邑人好商贾、善商业,金融之风盛行,所以在平遥非遗项目中,晋商文化、票号文化独具特色,与其相关的镖局文化也在传统体育、游戏与杂技中得到体现。数量众多的民俗以及与建筑装饰相关的传统技艺也充分展现着这个地方的风土人情,这些非遗项目对于研究平遥的经济、文化、宗教等有着重要意义。比如瑰丽多彩的民间灯彩、"中华一绝"的纱阁戏人印证了明清以来平遥商贸发展对民俗的重要影响,武术文化的兴盛从侧面反映了明清时期平遥镖局的兴起和商业往来的繁荣。

第三,空间上形成了主要以古城为中心,周边乡镇零散分布的特点。

古城曾是平遥经济、政治、文化的核心区,现在作为平遥文化遗产的集中地,这里聚集了大部分的历史文化要素,一城两寺、晋商票号、儒学佛道、会馆商贸、县衙吏治、武术镖局等,以及与其共同产生的非遗项目,都集中体现在古城里。平遥的石雕、砖雕、彩塑技艺等体现在了古城中的大小建筑上,延续着古城传统的建筑风格,还有关于一城两寺的传说故事、晋商经商治家之道以及镖局武术文化等,在人们的口耳相传中代代传递。

像传统医药等非遗项目,多分布在古城周边的乡镇。选择在城外开店,一方面城外租金低,另一方面方便周边居民看诊,不用挤到满是游客的城内。还有,平遥纸扎工艺多分布在各村镇,人们家中发生了喜事或是丧事,都能就近置办所需物品。

2. 古城与非遗的互动

古城与非遗的互动,本质上是在一个文化时空中物质文化遗产与非物质文化遗产的彼此联系和相互作用,这既包括空间上的互动又包括时间上的互动。平遥古城作为世界文化遗产,其本身就有着历史悠久的物质文化遗产,正如联合国教科文组织所评价的那样,它保存了中国汉民族城市在明清时期的所有特征。但它不是一个静态的标本,而是一座"活着的"古城,城里的日常生活还在继续,在这其中,非遗的活态传承也在继续。

第一,平遥古城与非遗在空间上的互动。

明清时期的平遥古城,街巷中商铺林立,商人小贩往来不断。如今,随着旅游业的发展,平遥古城的商铺大多从事着为游客服务的行业。除去景点，店铺基本分为餐饮、旅店、服饰、手工艺品、足疗按摩等，这其中，非遗占了一大部分。餐饮中的平遥牛肉、陈醋、黄酒、炉食、面食等的制作技艺都是有着悠久的传承历史与地方文化特色的非遗，手工艺品中的平遥推光漆器、剪纸、金银器加工、泥塑、布鞋等也在古城的大街小巷中可以看到。这些店铺有的还保持着前店后厂的经营模式，可以让游客直观地看到制作的过程，这类可以"走市场"的非遗在市场经营中传承着地方传统，为古城的遗产讲述注入活力。

还有一些非遗项目是与物质文化遗产融为一体的，比如平遥十二景诗文、平遥古城地名传说、票号文化、镖局文化、平遥民居建筑习俗等，古城墙、十二景、日升昌票号、同兴公镖局等建筑本身是固态的文物，通过讲述文物背后的故事，使得大众了解其中的历史文化内涵，从而达到活态传承的目的。

第二，平遥古城与非遗在时间上的互动。

非遗并非简单地依附于古城空间而存在，特殊时间政府的在场、当地居民的组织、游客的参与，三者的互动使得古城更具有活力。平遥春节（元宵节）习俗、平遥祭祀文化、平遥社火等这些非遗项目，作为民众的日常生活事象存在于各自熟悉的空间（包括古城在内），一旦有了世界文化遗产这个身份后，古城就不再是简单地发生这些日常生活事象，而是具有了表演的性质。时令节日是一个地方传统的集中体现，春节、元宵节的灯彩以及闹社火、城隍庙和双林寺的庙会等，游客在这些特殊的时节中感受着平遥古城的地方传统和节日文化。

除了民间传统的节日，官方话语下的重要时间也体现着古城与非遗的互动。例如在2020年的"文化和自然遗产日"，平遥县非遗中心在平遥中医药健康养生旅游街举办了"中医药类非物质文化遗产展示暨传承人义诊活动"，这是平遥县首次举办这样大规模的中医药类非遗义诊活动。它既为平遥中医药类非遗的发展提供了契机，也为宣传古城传统中医药文化，丰富旅游资源作出了努力。

二、古城里非遗实践存在的问题

平遥古城里的非遗实践，从表面上看是许多项非遗项目集中在古城这个世界文化遗产的空间来从事相关的传承和商业活动。不可否认，这样的结合既充实了古城的地域文化特色，又为地方非遗项目的宣传和传承提供了机会。但实际上，在非遗与古城的互动中也存在许多问题，譬如非遗招牌的叠加、文物与非遗的分离以及非遗文创如何发展等，这些都值得我们反思。

1. 招牌的简单叠加

从古至今，招牌对商家有着重要意义，它不仅担负传播商业信息的重要作用，也赋予了商家深刻的文化内涵，影响商业经营的成败。招牌的本质，其实是商家与顾客的互动：顾客通过招牌了解商品信息与价值，确认购买意向；商家通过招牌讲述商品文化，引起顾客购买欲望。

古城里的店铺都有招牌，以此吸引游客。商家除了悬挂店铺名字外，还会打出其他的旗号以招揽更多的顾客。除了官方认证的"百年老店""中华老字号"等招牌，"某某级非遗"也悄然加入了官方认证的行列。古城的一些传统手工艺、民俗等，在被列入非遗后，会挂出相关级别的非遗招牌。这些招牌是商家为了适应新的公共话语和官方新的认证方式而采取的一种手段。"非遗"这块招牌也成了商家新的宣传工具。"非遗"的招牌有着另一层含义，它代表着顾客购买的不仅是这个商品，也是商品背后的几代传承，是人与人、人与物的交流。但在现实情况中，古城里的非遗招牌只是简单地叠加，有些商家或者传承人没能将"老手艺""老样子"传承下来，生产的东西大多是机械化的产物，无法保证产品的质量。没有手的温度，非遗如何成为非遗呢？还有的商家将其当摆设，没有更好地利用招牌带来的优势进行宣传，未能起到吸引人群的效果，甚至还不如网红店或者名人光顾过的店更吸引人。

非遗需要传承，也需要传播。非遗的招牌到底意味着什么？它意味着历史、传承、质量以及信赖，这需要我们思考如何把这些意义表现出来，讲述给人们听，而不仅仅是靠一个个招牌的摆放那么简单。

2. 文物与非遗的分离

物质文化遗产与非物质文化遗产是一个整体，但在实践中，我们往往会重视物质文化遗

理论研究 Theoretical Study

非遗传承研究 2020（3）

产，重点讲述文物的故事，而忽视了它的另一面——非遗的活态性。

平遥票号是省级非遗项目，日升昌、协同庆、蔚盛长等票号是重点文物保护单位，讲解员通常都会为游客讲述相关的票号历史、经营管理经验等，让游客了解相关的历史文化。作为非遗项目的平遥票号，该如何让它活态地传承呢？笔者认为，除了讲述故事，深入体验也很重要。比如让游客亲身体验汇兑提款的全过程，或者在镖局体验一下走镖的流程等，这些体验或许更能帮助我们认识票号，传承票号文化。

平遥纱阁戏人是国家一级文物，同时也是国家级非遗，它曾经是春节、元宵节人们闹社火时摆放在市楼两侧供人观赏的，也是百姓为了酬神献戏而制作的纸扎作品。现在它只能存放在清虚观（平遥县博物馆）供人参观，失去了它原有的社会功能。这在某种程度上割裂了文物与非遗的整体性，对其活态传承也是一种破坏。保护文物很重要，更重要的是保护它的文化基因，这样才有利于文化的延续。

3. 文创设计处于弱势地位

非遗与文创联系紧密，文创可以汲取非遗的营养，促进文化产业的发展，非遗可以通过文创延伸自己的价值，让更多的人领略非遗的魅力。平遥古城中的文创设计处于弱势地位，一方面，真正文创意义上的店铺数量少；另一方面，设计类型较为单一，非遗文创未能有效开发。

平遥古城里有两家文创店，一家是位于古城西大街日升昌旁边的故宫文创平遥礼物专卖店，它目前推出了纸雕灯、平遥红彩妆、合乎情系列银饰、平遥桌游等文创产品，在故宫文创的理念上对平遥文化进行开发；另一家是位于古城南大街的萃谱园，老板是一个热爱传统文化的平遥人，他的文创产品主要有晋剧脸谱、古风服装以及利用传统荷包元素设计的背包等。它们的共同点是都在尝试将平遥厚重的历史文化融入设计中，有所不同的是，故宫文创平遥礼物专卖店是以故宫文创的设计为理念，选取当地的文化来进行结合，萃谱园则是个人的实践，通过搜集当地相关传统文化元素进行文创

设计。这两家店也存在一些不足，故宫文创平遥礼物专卖店中，故宫文创的痕迹太重，对平遥文化的体现太少，未能凸显地域性特点。相比来说，萃谱园的尝试更接地气，将脸谱、荷包、银票上的元素结合到服饰、包具等日常用品中，但是设计新意还需进一步提升。

目前的平遥文创产业规模小，且对平遥古城特有的晋商文化、镖局文化、民俗文化以及宗教文化等挖掘不够，相关的非遗文创缺少系统开发。针对这些问题，平遥文创产业需要更多爱好平遥文化的专业人士参与，也需要地方政府的大力支持，引进高校人才，助力平遥文创发展。

结　语

平遥古城的非遗实践是基于人们的日常生活以及世界文化遗产地而展开的，具有重要意义，它既促使平遥古城这一世界文化遗产寻找更有利的保护和发展手段，也为当下非遗语境下的旅游开发提供了借鉴。以平遥古城为例的非遗实践是众多景区与非遗结合的缩影，二者的互动有值得肯定的一面，也有需要反思的一面。一方面，它在非遗与古城的互动中进行了有效的尝试，充实了古城的历史文化底蕴，促进了非遗的传承发展；另一方面，非遗实践中产生的一些现实问题需要我们重视并寻找解决方法。

随着非遗保护工作的开展，全国各大景区或多或少都有非遗的身影出现，"非遗进景区""非遗＋旅游"等热词频频出现，似乎在告诉人们，1+1的结合方式一定会产生大于2的效果。其实不然，倘若不经过调查研究就去简单地实践，反倒可能会陷入困境。在当下的市场环境中，包括非遗在内的文化遗产的文化价值还未被人们了解甚至记忆，就被高速的旅游节奏廉价地消费了，文化遗产对于民众的意义被大打折扣，这样的问题是需要市场去引导的。非遗涵盖多个门类，涉及社会生产的各个方面，如何在保护非物质文化遗产与物质文化遗产的同时，帮助二者更好地融合发展，需要我们共同关注和思考。◆

理论研究 Theoretical Study

北京沙燕风筝在活态传承中的困境

乐思芸

摘　要： 沙燕风筝是北京风筝艺术中最具代表性的样式。在非遗保护的进程中，北京沙燕风筝及其制作技艺的活态传承面临一系列外部困境与内部困境。随着民间传统风俗的变迁，可供风筝放飞的自然环境的恶化，以及大众消费需求和消费理念的改变，北京沙燕风筝面临的外部环境不容乐观。传承人则面临着后继无人、传统技艺和传统历史文化知识缺失、收入不稳定和收入渠道狭窄等问题。

关键词： 沙燕风筝；活态传承；传统手工艺；传承人

北京和天津、潍坊、南通并称为我国"四大风筝产地"。北京风筝中，沙燕风筝是最具代表性的一种，它在北京的历史至少可上溯两百年之久。沙燕风筝也叫"扎燕"风筝，清代与民国时期还存在"沙雁"这一种称呼。北京沙燕风筝以其鲜明的地域特色、精巧科学的骨架结构、独特的历史文化内涵、丰富的传统吉祥纹饰以及别具一格的审美情趣，长期占据着北京风筝的主流。

自2006年起，北京沙燕风筝制作技艺陆续进入区级、市级和国家级非遗保护名录。传承人继承前人留下的工艺技术，在实践中不断整理、完善和再创造，使北京沙燕风筝在当代又发展出新内容，呈现出多样的艺术风格。不过，北京沙燕风筝面临着来自外部环境以及传承人自身的双重困境，而这些问题同样是许多手工艺类非遗在传承中面临的难题，值得我们认真研究。

一、面临来自外部环境的困境

北京沙燕风筝的活态传承受到外部环境变化的深刻影响。从清代、民国到新中国成立，再到20世纪70年代，北京沙燕风筝所根植的社会土壤具有较深厚的传统乡土社会特点，手工艺人能够以此为生，养家糊口。改革开放后，社会主义市场经济发展带动社会生活的整体变迁，传统手工艺的供给能力和竞争力下降。据此，笔者认为北京沙燕风筝面临的外部环境方面的困境主要有以下三点。

1. 大众消费需求和消费理念的转变

风筝最初是一种用于军事通信和测距的工具，随着纸的发明和普及，风筝变得更加轻便、便宜，于是出现了以风筝扎制技艺为生的手艺人，以及专门制作风筝、风筝线的手工作坊，风筝逐渐成为岁时踏青娱乐童叟的"耍货"。清代和民国时期，沙燕风筝不仅受到孩童的喜爱，还受到权贵、商贾、梨园界、文化界人士的喜爱，他们会专门向北京城内如"哈记""金氏"等有名的纸鸢店订做风筝。清代皇室也爱好把玩风筝，如今故宫博物院里还保存着风筝艺人金福忠为宣统帝制作的风筝。

从社会环境来看，古代和近代社会的生产力低下，人们的消费水平低，娱乐方式单一。现代社会市场经济发展起来，人们的消费能力、消费需求、消费观念都发生了翻天覆地的变化，人们越来越倾向于接受新奇、便捷、快节奏、高科技的娱乐方式。北京沙燕风筝作为一种传统民间玩具，对大众尤其是年轻人的吸引力越来越小。

风筝不仅是一种耍货，还是一种能够飞行的耍货，有着特殊的意义。自古以来，人们对于在空中自由飞翔就有无比的向往，墨子、鲁班制作过名为"木鸢""木鹊"的飞行器，古人还尝试过用风鸢载人。这些实践包含了人对于飞翔的朴实而热烈的向往，展现了人渴望挣脱

作者简介：乐思芸，中国艺术研究院艺术学理论硕士研究生。

生活枷锁，自由自在无拘无束的心理需求。而在当代，这种心理需求已经可以用飞机、热气球、滑翔伞、电影电视、互联网等科技发展的产物来满足。

2. 民间传统风俗的变迁

北京沙燕风筝是一种民间手工艺品，过去，其制作和销售紧紧跟随气候与节庆的步伐，具有明显的季节性特征。因而，民间传统风俗，尤其是年俗，与北京沙燕风筝有着密切的联系。清末民初时，从腊月初八开始，北京的风筝摊、纸鸢店就陆续摆出风筝来卖。清明时节，人们会外出踏青放风筝，此时气温回暖，盛行暖风，气流对风筝有一定的上托作用。无论是春节置办年货还是清明踏青，都说明人们重视一年一度的传统节日，消费行为与传统节日文化紧密相关。沙燕风筝就生发于这样的社会土壤中，与人们的日常生活紧密相连。

随着人们物质生活水平和生活方式发生改变，传统节日意识和仪式感日趋淡薄，种种传统风俗习惯在当代社会生活中的黏着度和认同感已不复从前。沙燕风筝正日渐失去其原来根植的社会与文化土壤，日渐失去它节庆民俗方面的功用。

3. 风筝放飞自然环境的恶化

作为一项户外运动，放风筝依赖开阔、安全、没有遮挡物的场地。放飞时还需考虑到周边环境，以防风筝掉落后危及他人安全或妨碍他人生产生活。北京作为首都和超大型城市，现代化程度高，高楼林立，空地非常紧张，不适于放飞风筝。因而，北京难以像山东潍坊那样，发展起大型的有组织的风筝集会活动或竞技比赛。为了人们的健康，放飞风筝对气候环境也有要求。北京交通繁忙，时有雾霾，也是不利于风筝放飞的。

在这样的自然环境下，北京沙燕风筝的放飞功能被削弱了。据北京"哈氏风筝"第四代传承人哈亦琦描述，过去北京沙燕风筝以放飞功能为主，没有装饰、观赏这一说，手艺人在沙燕风筝头部用细竹条扎出的空当，正是为了使沙燕风筝正面朝墙，方便悬挂用的。由此可见，过去并没有专门把沙燕风筝挂在墙上观赏的做法。当前，受到放飞条件的限制，北京沙燕风筝画面的艺术特色与观赏价值被放

大，尺寸也越做越小，出现了"礼品风筝""镜框风筝"等一系列以观赏为主的微型、小型风筝。

二、面临来自传承人的困境

北京沙燕风筝面临的难题不仅来自外界社会，还来自传承这项技艺的传承人。笔者一共走访了八位在北京沙燕风筝制作技艺上具有代表性的传承人，包括"曹氏风筝"传承人孔令民和孔炳彰、"北京扎燕风筝制作技艺"传承人费保龄和杨利平、"哈氏风筝"传承人哈亦琦、"于氏风筝"传承人杜景耀、"北京传统风筝"传承人王赪新、"金马派风筝"传承人吕铁智等。在多次走访和深入了解北京沙燕风筝传承情况之后，笔者发现北京沙燕风筝制作技艺的活态传承，在传承人方面主要存在以下三个问题。

1. 传承人老龄化与后继无人的问题

传承人老龄化与后继无人，是绝大多数非遗项目普遍面临的一道难题，北京沙燕风筝制作技艺也是如此。非遗是由人创造并世代相传的。非物质文化遗产与物质文化遗产的不同之处在于，它不能被视为一件标本固定下来，而是应该让它随着社会生产的发展继续生长、繁衍、传承，以避免出现文化断流的结局。因此，为了保护非遗，就要保护作为非遗的活态载体的人。

北京沙燕风筝制作技艺的传承人，年龄主要在55岁到75岁之间，他们的视力、记忆力、动手能力都处于逐渐弱化的阶段，老龄化严重。技艺的传承还出现了传承人群的断层，亟需后人接班。传承人杨利平、孔炳彰、王赪新、杜景耀均没有收徒。传承人哈亦琦和吕铁智已有接班人，其中，吕铁智带的是自己的孩子，哈亦琦带的是自己的侄子与一位来自广东的传承人。可见，北京沙燕风筝制作技艺主要的传承模式是家族内的血缘传承。几乎没有年轻人愿意主动学习这项技艺，并以此为生。并且，根据现实情况来看，年轻一辈在传承技艺方面能力有限，还不能真正接过传承的担子。

笔者认为，或许只有符合以下几个条件，沙燕风筝制作技艺才有可能找到合适的传承人：第一，对这门技艺感兴趣，具有极大的内生的

传承动力；第二，有其他较为稳定的收入来源，可以不用依靠这项技艺的收入维持生活，并且还有余力进行传承活动；第三，有一定的文化担当意识和责任感。

2. 传统技艺和传统历史文化知识缺失的问题

沙燕风筝制作技艺的传承还存在一个严峻的问题，就是传统技艺和传统文化的失传。这主要体现在三个方面。

第一，物质资料方面的缺失。许多总结了过去沙燕风筝研究成果的资料和画谱大量丢失、焚毁。物质资料的缺失问题从20世纪起就存在，包括但不限于"曹氏风筝"的重要资料《废艺斋集稿》原稿去向不明；孔祥泽抄存的《南鹞北鸢考工志》部分资料丢失；"哈氏风筝"家传画稿资料在20世纪被全部焚毁；金福忠所传的《宫廷风筝画谱》被焚毁等。传承人通常是由于不可抗力或外力失去了这些物质资料。

第二，老风筝艺人没有收徒，或在收徒过程中还未倾力相授就故去了，导致所传的技艺不完整。比如金福忠一生未收徒，后人只能通过学艺期间长期的观看、制作和记忆，对金氏的风筝制作技艺进行复原和传承，这种不规范、不正式的传承方式，导致传承人在传承的过程中势必存在疏漏、不明白的地方。

第三，传承人对沙燕风筝的工艺技术和其中蕴含的传统历史文化知识的掌握，存在一定程度的缺失。在技艺传承方面，传承人需要注意平衡好在传承活动和传播活动中投入的精力。非遗传承人有责任真实、熟练、完整地把所传承的东西守住，积极开展传承活动，在如何更好地传承这个问题上下功夫，努力寻找和培养接班人，否则未来就有可能导致这门技艺逐渐失传。另外，传承人在不断学习的过程中，掌握了新的方法和素材，开阔了视野，但同时需要警惕技艺的同质化和异化，不能完全抛弃传统的做法，完全丢失所传技艺的独特性，也不该一味求新、求奇。传承人在历史文化知识方面的缺失也是需要认识到的现实问题。多数传承人确实熟练地掌握了制作技艺，但对于北京沙燕风筝所包含的传统文化知识则处于一知半解的状态。

3. 收入不稳定和收入渠道狭窄的问题

北京沙燕风筝传承人多数年岁较高，养老金和非遗项目补助基本上能够维持他们的日常生活，使他们能够专注于传承工作。然而，这对于年轻一代的传承人并无参考意义，也并不意味着北京沙燕风筝及其制作技艺已经得到了良好的生产性保护。对于大多数传承人来说，沙燕风筝制作技艺带给他们的收入主要来自政府对非遗项目的补贴，以及进校园授课获得的课时费，市场销售收入则因人而异，非常不稳定。

传承人收入不稳定和收入渠道狭窄，可以归结为三方面的原因。

第一，传承人对北京沙燕风筝的定价与消费者的心理预期之间存在矛盾，风筝高昂的售价令很多潜在消费者望而生畏。当许多传统的民间玩具开始批量生产的时候，大多数北京沙燕风筝的传承人仍坚持纯手工制作。手工制作投入的成本主要在于时间和精力。一只北京沙燕风筝的制作，制作周期一般为一周左右，如果订做，速度就更慢。精细的手工制作和漫长的制作周期，使北京沙燕风筝在成本上会比批量生产的同类风筝玩具更昂贵。其制作技艺成为非遗项目之后，传承人所制作的沙燕风筝的价格再度水涨船高。

据笔者走访了解，传承人制作的一只三尺大的沙燕风筝，订制价格一般为700～800元；一只中等大小的沙燕风筝，一般在千元以上；有名气的传承人制作的一只一尺大的镜框风筝，售价甚至可以达到3000～5000元。但是对于多数消费者而言，一只沙燕风筝卖到200元就已经难以接受了。此外，沙燕风筝出货慢，在功能、用途上存在大量可替代品。因此，在同类型产品中，消费者会倾向于选择更便宜的风筝；而在同等价位的不同产品中，消费者则会倾向于选择其他新型娱乐产品。

第二，传承人制售模式单一。北京沙燕风筝制作技艺传承人的制售模式有两种，一种是订做，这要求传承人具备一定的知名度，能够获得客源；另一种是传承人在家制作风筝，然后带到公园、社区、庙会等线下活动平台上去售卖，或出口外销，这种模式更为常见。虽然渠道多，但相对于订做，销售收入更加不稳定，并且不是每一位传承人都能够利用这些渠道进行销售和宣传的。比如在公园、社区、庙会、展览活动中进行销售，获得收入有限且不稳定；出版书籍、参与电视台纪录片制作等方式周期长，且无法长期获得收入；出口外销的方式则要求作品足够出色，同时也需要一定的机遇、经验和人脉，对此只有个别传承人有经验，对于绝大多数传承人来说，他们摸不着门路，也没有精力去国外销售。

第三，传承人的宣传渠道较为单一，观念较为陈旧。沙燕风筝制作技艺传承人仍以线下宣传为主，比如展览、庙会，有时会通过电视台、报刊采访进行宣传。但这些宣传渠道依托固定的场所或者平台，无法实现大范围高速的信息流通，通常只有少部分对此抱有一定兴趣的人群才会愿意深入了解，因而难以真正打开宣传面。其实，近年来"互联网＋非遗"的实践已不胜枚举，越来越多的传承人借助网络平台宣传非遗。网络平台凭借快速便捷、即时性强、覆盖面广、消费群体大、传播性强等优势，能够帮助传承人拓宽销售和宣传渠道，帮助非遗焕发新的生命力。比如2019年"抖音app"推出了"非遗合伙人"计划，帮助传承人在短视频中呈现非遗内容，展示传统文化的魅力；2020年的"文化和自然遗产日"，阿里巴巴"非遗购物节"启动，利用电商平台和数字化手段保护非遗。一系列政策、商业合作的实践都显示了未来非遗销售和宣传的发展方向。笔者认为，传承人可以尝试主动利用这些渠道，与时代接轨，打开宣传面，使北京沙燕风筝更健康、更有活力地传承下去。

北京沙燕风筝及其制作技艺是我国非遗宝库中的一颗明珠，在融入我国非遗保护实践的过程中得到了有效的政策支持，但传承与保护之路依旧任重而道远。笔者将其面临的外部困境和内部困境主要列出六点，或有疏漏之处，但望能为北京沙燕风筝的研究以及未来的传承与发展提供一些有价值的参考，帮助它更顺利地在新的历史条件下走进人们的生活。◈

（上接第25页）

的研究提供智慧；同时也可以成为大众的读物，在欣赏每一个民间艺术家的个人故事时，了解和亲近我们国家的非遗保护和传承。尤其是，非遗需要从娃娃开始，从小培养孩子们的非遗保护意识几乎已经成为学界共识。在这四本书中，还有一本是近几年来配合非遗教学和研究，陆续延请的全国知名学者的讲座整理，这些学者来自民俗学、人类学、美术学、历史学、文学等不同的学科，这些学者大多已经在非遗领域声名鹊起，其中不乏刘魁立、刘铁梁这样的学界泰斗，也有邱春林、宋俊华、李松、林继富、赵旭东、张士闪等学界大家。我们做这些收集和整理工作是为了在倾听传承人想法的同时，聆听来自专家学者的见解，形成共振的效果。

我们的"文化遗产系列丛书"并不会就此打住，第一辑出版之后，我们还会继续整理十多年来以及今后的田野考察的口述笔记、田野调查报告以及文章，陆续集结成书，把研究继续深入下去。

民间的天地太大，民间的田野太广，在有生之年，带着美好的心愿，带着一份责任，我会继续和我的团队一起行走在田野上，为找寻那些被遗落在民间的花朵而努力。

该套丛书出版之时，正是天津大学国际教育学院成立20周年和天津大学建校125周年的日子。谨以此套丛书祝贺学院和学校生日。此为总序。◈

官式建筑内檐棚壁糊饰技艺在古建筑博物馆中的应用

——以承德避暑山庄烟波致爽殿改陈项目为例

王添艺

理论研究 Theoretical Study

摘　要： 随着古建筑性质由住所到文物的转变，许多有关古建筑营造、装潢的技艺在应用上进入文物保护的整体序列中。本文以承德避暑山庄烟波致爽殿改陈项目为例，以非遗项目官式建筑内檐棚壁糊饰技艺为对象，对实际应用中原有内陈文物的摘取、修护、保存，以及对内檐棚壁的修护与保养、古建筑博物馆重新布展等方面进行了实地的考察、探究，以期为官式建筑内檐棚壁糊饰技艺在古建筑博物馆中的应用与保护提供参考。

关键词： 官式建筑内檐棚壁糊饰技艺；非遗应用；古建筑；改陈；文物修复

官式建筑内檐棚壁糊饰技艺是一门从明清延续至今的对皇家敕造的建筑物内檐棚壁进行修缮和装饰的技艺，更是祖先留给我们的重要非遗。诸如北京故宫建筑群中的长春宫、倦勤斋，颐和园排云殿，沈阳故宫文溯阁、飞龙阁等皇家建筑中精美的内檐棚壁，均是通过这一技艺实现的。然而，在现代生活中，故宫等古建筑从皇家生活起居的住所变成了供大众了解、研究历史的博物馆。其使用功能的转变也必然导致内檐棚壁糊饰技艺在应用上进入到文物保护的整体序列中。当墙上悬挂的、张贴的，甚至工程中使用的材料或者一般施工中可随意撕毁的"垃圾"都变成"文物"时，内檐棚壁糊饰技艺在应用中又应该有哪些步骤和要求呢？

此次承德避暑山庄烟波致爽殿改陈项目就为内檐棚壁糊饰技艺在当代古建筑博物馆中的应用提供了实践。作为中国现存最大的古典皇家园林，承德避暑山庄宫殿建筑严格遵循了清代皇家建筑的规范，其中烟波致爽殿作为皇帝寝宫，更是在装修和铺陈上保留了皇家的生活审美情趣，从20世纪70年代至今40余年，烟波致爽殿没有经过大工程修缮，殿内贴落、匾联有不同程度的脏污、破损，织品类有一定程

度的褪色、脆化，棚壁各处也有剥落、开裂，亟待修缮。2019年4月，承德市避暑山庄博物馆发起研究性保护项目烟波致爽殿复原展览改陈项目招标，北京尚古文博科技公司承接，北京联合大学专家王敏英率领的研究团队提供技术指导，并于6月7日正式施工，对烟波致爽殿进行改陈、修缮。

一、文物的摘取、除尘与保存

承德避暑山庄烟波致爽殿包含明间、佛堂、东暖阁、西暖阁四间，其中涉及须摘取、除尘、贮存的纸绢类文物36件，主要包含贴落、匾联、横批，以及织物类文物21件，主要包括被褥、蒲团、幡子、床帏，涉及斜角削取、入黄、莜面团无损除尘、中药防蠹防霉、无酸纸包装等保护、修复技艺。

1.文物摘取

贴落类文物又叫内檐装饰性书画，包括横批、福寿方、匾联等，相比较观赏性书画，内檐装饰性书画具有尺幅大、悬挂位置高、受环境影响大等特点，因此在摘取时有其特殊的摘取技巧。摘取在工匠语言中又叫"启画"，主要针对贴落类文物。作为文物保护的第一道工序，

作者简介：王添艺，中国艺术研究院艺术学理论硕士研究生。

非遗传承研究 2020 (3)

这也是与文物接触的第一步，再加上贴落类文物本身尺幅大，长期张贴、悬挂，受环境干湿冷热、微生物、风力等影响，若摘取时力量平衡稍有偏差，就会发生"崩、拔、爆、裂"等问题，导致文物损毁。

在工程现场，技术人员搭好脚手架，从东暖阁东墙开始，按照由东到西、由低到高、由小幅到大幅、由悬挂（匾联）到张贴（书画）的顺序，依次进行摘取。

匾联摘取时须三人合作，一人拆解拴绳，两人左右托住匾联，防止受力不均导致匾联扭曲。拆解后平行向下托送，地面须有人接应，以多人抬托的方式将其运送至操作间。

张贴类书画在摘取时须三人合作，一人操作，两人持画左右上角，以保证在操作时画幅上线齐平。用启子头三分之一处的薄刃，插入张贴时留有的启口。在工匠约定俗成的规矩中，通常将启口留在画幅右下侧，下手时启子须尽量贴合墙壁，避免戳、撕画心，倾斜一定角度将画边右侧和底部一侧与墙壁粘合的部分分离。之后，操作人员提起画右下角，以平稳的方式向上托着分离其他部分，在工匠语言中，这个动作叫"削"。"削"时画幅提起的角度与墙面约成80度角，中间不能打死折，如遇到横批这样较长的贴落，要每"削"起一米就将启下来的部分以较大的直径空心卷起。取下的画幅可多层叠擦，空心卷好，用厚皮纸包裹，用粗绳捆绑，松紧适中，防止散乱和出现勒痕，平稳运送至操作间。

在烟波致爽殿佛堂及西暖阁还有少量织物类文物，主要包括床帏、幡子、被褥等。在摘取这类文物时，操作人员尤其需要考虑织物的老化、酥脆问题，因此在摘取前，操作人员用四层桑皮纸折叠成与织物相同宽度，双面固定，再由两位操作人员平稳托举后将织物挂系处拆解，防止弯折对织物造成的破坏。

2. 文物除尘

在长期的陈列过程中，文物会自然落尘，随着干湿变化，文物上的脏污呈密度大、粘连性强、显色度高等特点，并含有大量黑曲霉等霉菌、皮蠹等微生物及其排泄物。除此之外，紫外线、干湿变化、气流变化等也会对纸张及织物造成很大破坏，因此在除尘过程中必须采取安全、高效、多功能的方法，并尽可能通过除尘起到一定的修护作用，延长文物的"寿命"。

本次烟波致爽殿改陈项目选取的除尘方式主要为改性莜面团无损除尘法。经王敏英介绍，莜面团相比小麦面粉或其他擦除式除尘方式，具有粘取式除尘对文物磨损小、更易吸附缝隙脏污、黏度适宜不易掉渣残留等优势，实际操作步骤具体如下：

第一，用文物除尘布毛相对较长的一面将酥脆程度不高的文物表面浮土吸除，使用除尘布时需注意不可反复摩擦，不可歪扭扬尘，亦不可过力下压，要按照一定方向平稳移动，尽可能一次性地将大面积浮尘清除。

第二，一道莜面团粘处脏污。用莜面加入热水和成面团，再加入甘油作为保湿剂，面、油比例为5千克面中混入5毫升甘油。使用时将热莜面团充分揉搓至软弹，散热后按照一定方向在文物表面进行滚、捻，再次粘取脏污，当面团表面脏污无吸附能力时，揉搓面团让内部干净的部分置换到表面，可继续使用。待取用的面团须遮盖毛巾保湿。

第三，二道莜面团除尘防虫霉。二道莜面团与一道莜面团制法相似，但和面水使用由黄柏、花椒等防蠹防霉药材加水熬制后，再加入酸碱中和剂配置成酸碱度为7.5的药水。其中黄柏中的小柴碱可起到抗菌作用，黄柏碱可起到驱虫作用，花椒中的牻牛儿醇和香茅醛可起到抗菌作用，牻牛儿醇、水芹萜和香茅醛有驱虫作用。

第四，三道莜面团检验。三道莜面团除尘依然使用配置药水和面，甘油比例加大，使用后的面团要尽可能达到无明显污渍的程度，甘油对纸张类文物起到一定的软化保护作用。除尘后的纸张触感绵柔，且面团中的药物成分在接触文物的过程中也对霉菌和虫蠹进行一定的防治，有利于文物"延年益寿"。

文物除尘布除尘效果

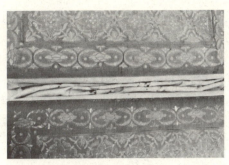

二道莜面团除尘效果

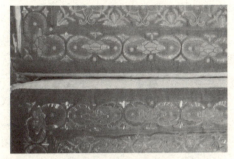

三道莜面团除尘效果

三道莜面团使用后脏污对比

文物除尘效果对比

3. 长效保存

因本项目修复后回贴的贴落为仿制品，因此除尘后的文物须进行包装入库，以长久保存。

包装书画要用到无酸纸筒、无酸防虫纸、无酸包装纸、胶条、包扎条带。包扎条带在使用前须入黄处理，即用黄柏、花椒熬制药水浸泡，晾干后备用。除尘后的画背面用启子铲除硬浆糊残留，画心朝上，覆盖无酸防虫纸，以无酸纸筒为轴卷成筒。无酸纸筒直径越宽，对纸质文物折损伤害越小。在卷好的纸筒外裹卷无酸包装纸，包装纸要宽于纸筒，长度要达到包裹后双层厚度以上，用胶带封好后用包扎条带对纸筒进行捆扎，打结处位于书画锯条边处。

贴落类文物在封建社会作为房内装饰，其

创作者多为帝后或翰林院大臣，并且随着皇帝的赏玩情趣或节令需求时常更换，没有被赋予收藏价值，因此在摘取、除尘、长效保存这些方面并没有完整的传统工艺传承。但是，无论是入黄本身，还是以花椒、黄柏等中药材作为防蠹防霉药剂，都是传统内檐糊饰以及书画装裱中十分重要的防霉避蠹手段。

清代宫廷贴落已不再是一种简单的装饰品，而拥有其独特的历史、艺术等文物价值，因此其作为文物在摘取、除尘、保存方面也得到相应的重视。科技飞速进步，现代文物保管技术在不断发展，在应用中可与传统技艺相互借鉴，共同为文物的长久保存发光发热。

二、内檐棚壁的保养与修复

在对古建筑博物馆原内陈进行摘取、保养和保存后，终于到了对内檐棚壁保养与修复的操作环节。作为清代皇家建筑，承德避暑山庄烟波致爽殿内檐棚壁均是由侧切面约 2.25 平方厘米的木条所打造的孔径约 10 厘米的方格平面（即白樘箅子），覆盖以桑皮纸（背纸）、银印花纸（面纸）等裱糊而成。因此，随着时间的推移，非常容易产生破损、霉菌和虫蠹等病害。在此次承德避暑山庄烟波致爽殿改陈项目中所发现的殿内棚壁病害，就有因黏合剂老化、菌斑和因渗水受潮等造成的纸张皱裂、黄色水渍、生物病害问题，而内部的箅子可能因上次施工不当等原因，存在表面虫害严重、部分老化、歪闪及嵌钉生锈与腐蚀等问题。因此，本次改陈项目对承德避暑山庄烟波致爽殿棚壁进行了重点修复。

这里所使用的，正是由明清传承至今，并在清雍正十二年（1734 年）由工部颁布则例对其施工及用度等予以规范，归属于古建筑"八大作"之一"裱作"行当的非遗项目——官式建筑内檐棚壁糊饰技艺。其在此次承德避暑山庄烟波致爽殿改陈项目中的应用如下：

1. 对白樘箅子进行清扫和修补

修复棚壁的第一步是对已有的白樘箅子进行评估和清扫。经检测，本殿内的白樘箅子翻新建造于 20 世纪 80 年代，其坚固性和承重性暂未受到影响。因此，此次改陈工程并未涉及通过重新钉装箅子以修复的木作工序，而仅仅是以裱糊的方式对白樘箅子的缺陷进行弥补。

此次工程项目中，工程队首先将墙壁上原有附着的纸迹进行留档及清理，所用到的工具有喷壶、硬毛刷子、小铁铲等。工人用喷壶向算子均匀喷洒清水，稍待浸润后，用铁铲将残余的纸迹铲除，并用硬毛刷子将算子上各面的灰尘及黏合剂残留刷除清理。这一步骤的重要性在于，若清理不彻底，会影响之后新棚壁的黏合，尤其是表面的灰尘会造成空包，或对棚壁的耐久性造成影响，如残留黑曲霉、虫卵对算子及纸质的持续侵蚀。在清理完成后，需等算子进行一定程度的晾干才可进行后续的工序。

2. 揉浆

承德避暑山庄烟波致爽殿现有白樘算子面临的最大问题，可能是因上次施工操作不规范，使用的浆糊没有进行有效的防虫害处理等而导致白樘算子有大量虫蛀痕迹。因此，在粘贴纸张前对白樘算子使用略稠的添加有黄柏、花椒等防虫抗菌药水打制的浆糊，进行刷涂。

这样做的目的，首先是对虫害的扼制与预防，以及后续对白樘算子与新糊饰棚壁的耐久性起到重要作用；其次，在算子上刷涂厚浆是在算子与纸张间构筑的桥梁，只有经过这一步，纸张纤维在与木头粘合时才有着力点和摩擦力。这一步骤在传统工艺中称作"揉浆"，从命名可以看出，这一工序对上浆的手法作出要求：上浆时，须用腕部力量将药浆糊按、揉至算子上，并在结束时有一个向外"带"的动作。据观察，此种手法与直接刷涂相比增加了浆糊对木头的浸润程度，并在木头表面形成更多相对不平滑的颗粒，从而加大了摩擦力，对纸张的牢固粘附起到重要作用。

揉浆时需揉三面，即两侧面和室内直观面，最好使用材质较硬的毛刷，若刷毛软则无法完成揉的动作，且无法完成对算子侧面均匀上浆。软浆完成后等待风干，必须风干至完全硬化，按压不变形，才可进行下一步。

3. 扒蹬与补蹬

所谓"扒蹬"与"补蹬"，其实就是将底纸（此次工程项目所采用的是桑皮纸）裁成稍宽于算子孔径方块。按隔空的方式将方块贴附于算子表面，在算子上造成类似于国际象棋棋盘的效果，这种效果在裱糊工艺中称作"梅花盘布"。在粘贴时将边侧多出的部分向上翻卷，使

纸张对算子起到包裹的效用，以增加纸张与算子的贴合面，提升耐久性，这一工序称为"扒蹬"。"补蹬"是以平贴的方式对"棋盘"所留的空档进行填补。通过扒蹬、补蹬完成了纸张与白樘算子的第一次结合，共同构成了棚壁糊饰的载体，纸张晾干后，手敲可以听见类似"哪哪"的脆响。

4. 棚沟、撒鱼鳞

"棚沟"与"撒鱼鳞"其实都是用来找平的工序。

棚沟适用于小范围的缝隙或是其他小范围的两侧相对平整中间略有塌陷的填补。其实就是用纸张填塞缝隙，并将表面用纸张封贴、绷平。

撒鱼鳞适用于大范围的找平，如烟波致爽殿东暖阁的东墙，因其年代久远，整个墙面都向内凹陷。面对这种情况，可以将纸张裁成长条，长条的宽度与长度视墙形走势而定。一般来说，凹陷越严重，长条越宽，凹陷弧度越大，长条越短。在长条顶部的五分之一到三分之一位置刷涂浆糊，粘贴于墙面，下衬第二条，以此类推，形成一层层一头排列一头悬浮的组合，这种形态如同鱼鳞一般层层压叠，因此被称为"撒鱼鳞"。墙面凹陷越严重，"鱼鳞"撒得越密。从侧面看，"撒鱼鳞"实际上是在新旧墙面间构建了一个个灵活的小三角形，对新墙面既可实现稳定支撑，又比较随形，不会像硬性支撑那样对支撑物表面的平整要求很高，且有戳坏纸张的风险。不仅如此，经过"撒鱼鳞"工序施工后的墙面，因将面层纸张与实体木质或泥质材料墙体隔开，缩小了干湿度对不同材料伸缩性差异的影响，在防潮、稳定性等方面都更加出色。

5. 通片

在找平工序完成后，便可用白纸平贴覆盖，形成墙面。这一工序被称为"通片"。在承德避暑山庄烟波致爽殿改陈项目中，通片所使用的纸由两张桑皮纸合制而成。合纸的手法与书画装裱中横竖纹合纸的方法一致，将合好的纸轻柔地搭在架子上悬挂晾干，再将晾干后的纸张刷以薄浆搭在撑杆上，递给负责张贴的人员。通过两人合作，一人贴，一人托，将纸张覆盖在墙壁和棚顶，并用鬃刷将边沿砸实。按照此法将纸张有序覆盖整面墙体即为通片。当一道通片完成后，有时会出现墙面依旧不平整的情

况，比如，此次烟波致爽殿东暖阁的东墙和棚顶就因为凹陷程度比较大，在一道通片后，再次重复了撒鱼鳞和第二道通片。但毕竟纸张有重量，浆糊的粘合力有限，因此通片次数不宜太多，以免影响棚壁的耐久性。

6. 转角对花

通片完成后，糊饰棚壁比较基础的部分已经完成了，接下来贴面纸的环节主要以装饰功能为主。烟波致爽殿选用的面纸为万字小团龙图案的银印花纸，但是在纸张的边缘处需要拼贴，而拼贴时必须考虑图案的连续性和完整性，在传统工艺中就有"跟龙到底"和"转角对花"的说法。

在对内檐棚壁的修护过程中还有很多的说法，都与工程的耐久性和呈现效果相关。比如，通片时讲究必须通完整面墙，工匠才能休息，这是因为张贴的过程会影响纸张干湿度的变化。若整面墙裱糊的时间相隔太长，导致干湿度差异较大，就会引起墙体通片受力不均，影响其耐久性和坚固性。再如，在调制浆糊时，添加的药物需层层递减，这主要是考虑墙体的美观性，因为传统药浆糊中习惯添加的黄柏、花椒等药物均会产生较重的颜色。即使过去几百年，社会、科技发展迅速，这些老手艺、老说法都

没有过时，依然对古建筑内檐棚壁在建造、修护后更美观、更耐久等方面发挥重要作用。

三、非遗应用思考

作为非遗传统技艺，官式建筑内檐棚壁糊饰技艺与其他非遗一样，在应用中需考虑对项目原真性的保护，不能随意改动工艺流程，要慎重使用化学添加剂和工业机器，不能随意嫁接其他文化内涵，不能随意"创意""改革"，不能只顾当下利益，不考虑非遗永续性发展，不能只考虑经济价值，不顾历史价值、文化价值，轻视其科技含量，不能只发展不保护，在保护时，除项目本身外，还要兼顾其原料、工具、精神内涵、文化空间及传承人等。

然而，与其他传统工艺不同的是，官式建筑内檐棚壁糊饰技艺等和古建筑营造、修复相关的传统技艺，随着古建筑功能的转变，其操作目的、理念和手法、工序上又有了新的内容，不再单一地作为满足居住需求、兼顾审美的工具，而必须纳入文物保护的整体序列，将保护理念放在首要位置，联系文物保护其他环节，打破非遗保护和物遗保护的界限。只有这样，才能满足与古建筑营造、修复相关传统技艺作为非遗项目在当下和未来的价值与需求。◆

（上接第 55 页）

未来五年，我还有三项创作计划：第一，完成一幅京剧题材的作品。京剧也是国家级非遗项目，我准备把净、末、生、旦、丑做成一幅剪纸，构思也出来了，将京剧、剪纸、金箔三者结合，特别选用金箔纸来完成这幅套式作品，弘扬国粹京剧。第二，创作一幅由江南民歌组合而成的"江南风"作品。作品既有小桥流水的雅致韵味，又有江南地方的特色人物。第三，创作一幅杨家将题材的作品。杨家将精忠报国的品格深深感染了我，所以我特别想为本家做点事，用刻刀描摹历史上有名的杨氏英雄人物。这几幅计划中

的新作，也是为七十寿辰时送给自己的生日礼物即我个人剪纸展作准备。

眼前，我最大的心愿是筹建一座剪纸博物馆，将几十年来收藏的全国剪纸家的作品集中陈列，也是为了给这些艺术作品一个更好的家。老百姓走进金坛这样一座博物馆，能一站式欣赏到全国一大批杰出剪纸家的艺术作品，以及珍贵的清代及民国剪纸，感悟中华剪刻纸文化的博大精深，一同陶冶情操，从而自觉做中华剪刻纸艺术的爱好者和传播者，这对传承中华剪刻纸艺术意义重大。盼望剪纸博物馆能早日建成，并得到政府部门的大力支持。◆

让民间那些散落的花朵开口说话

——"文化遗产系列丛书"总序

马知遥

摘 要：通过对非遗传承人面对面的访谈，为那些优秀的不为人知的传承人书写口述史，让更多的民间文化艺术家为自己的手艺而自豪，同时也借助文字增进人们对非遗的认识和了解，"文化遗产系列丛书"应运而生。通过口述史打捞即将被遗忘的传统文化知识，通过口述史还原非遗的创作环境，通过口述史探讨非遗传承进一步发展和创新之路。

关键词：非遗传承人；口述史；访谈

"文化遗产系列丛书"第一辑共四本，分别是《传承人口述史·布老虎卷》《传承人口述史·面塑卷》《传承人口述史·木雕卷》《传承人口述史·学术发现卷》，共计一百万余字。每册图书都配有现场调查和传承人的珍贵资料图片近百张，这基本上达到了我们的期望：为散落在中华大地上的、身怀绝技的、鲜为人知的民间艺术家们留下自己的痕迹。

经过十多年举国体制的非遗保护工作，中国的非遗保护已经取得了举世瞩目的成就，并且已经逐渐形成中国经验和中国智慧。作为参与其中的一分子，我们深感荣幸。该丛书源自文化和旅游部、教育部、人力资源和社会保障部三部委发布的"中国非物质文化遗产传承人群研修研习培训计划"，天津大学承办了其中的"布老虎制作技艺""面塑制作技艺""木雕制作技艺""葫芦雕刻制作技艺"四期研修研习培训（以下称"研培"）。该研培工作在天津市文化和旅游局的直接指导下，在天津大学校领导的大力支持下，顺利完成。经过和研培班学员两年多的现场亲密接触，经过研培前近八年的持续调查、访谈以及研究，四期研培班不仅让非遗传承人开了视野，强了基础，更增强了文化自信和传承的能力，受益的不仅仅是传承人自己，

还有广大的在校研究生。在和我们一起完成项目的过程中，那些"90后"的学员们表现出对传统文化浓厚的兴趣和深切的关心。我们不满足于仅仅一个月面对面的相处时间，我们还要替他们留下他们的文化记忆，替他们发出声音。因为结业之后，这些学员就要回到各自的家乡，他们有的来自远乡僻壤，有的来自荒疏小镇，他们大多是纯粹的手工业者，不少是靠土地为生的农民，在这之前从未离开过家乡。但他们的技艺确实传承了好几代，是独具地方特色的艺术感染着我们，浸润着我们。听他们讲述个人成长、求艺过程、生命中的酸甜苦辣，本来就是很好的教材，这些就是中国故事。我们所有师生都是故事的倾听者，而他们是故事的主角和讲述者。

过去我们习惯了到传承人家里去，匆匆访谈几天就走。现在我们把他们请到我们的校园里来，利用一个月免费培训的时间，和他们彻夜长谈，仔细聆听那些遗落的细节，补充我们原来在田野考察中的不足，这实在是非常必要的。

我想起十年前，我在山西黎城采访"中华第一虎"的制作者、布老虎艺术的国家级传承人高秋英时，她说虽然自己身体不太好，但还是响应国家号召带了很多徒弟，徒弟们学会了

作者简介：马知遥，天津大学国际教育学院教授、院长助理、博士生导师。

到处卖她的"黎侯虎",她自己做的虎反倒不好卖了。这是典型的"教会徒弟,饿死师傅"的实例。现在她的境况已经有所改善,国家大力扶持非遗项目,她已经成为多个"黎侯虎"工作坊或文化公司的顾问,获得了不少荣誉和奖励,继续在开门授徒。我想起十年前在山西潞城拜访的"潞王虎"传人刘海兰,她68岁依然参加了我们天津大学的布老虎研培班,为班级学员示范技艺,倾力相授。她面对中央电视台的直播镜头时说:"我只上过三天学,自己学会写名字,我没想到我这样一个农村老太太能到大学上课,而且一来就是天津大学,这是我一辈子最开心的事情。"我还会想起十年前在田野调查中认识的河南灵宝的崔荣清大娘,当时已经80岁的她听说我们来了,早早就在山坡上的小屋前迎候,用一天时间给我们演示了整个布老虎的制作过程。黄昏时,我们要走了,她握着我的手说:"娃啊,你什么时候再来啊?我是怕等不到你了。"2018年布老虎班开班,我打电话过去,她的后人接了电话,告诉我,她已经故去几年了。幸运的是,我们的研培班在国家研培项目的大力资助下,将那些年在边远地区田野调查中结识的民间巧手高人们都请到天津大学,让他们同堂交流,共同学习和切磋,并结合他们的需求,及时请品牌设计、创意大师和营销学专家为他们出谋划策,帮他们解决困境,指出"自我造血"的方法和路径。

我们深知,非遗保护不仅仅是各级政府的事,不仅仅是专家的事,也不仅仅是开发商的事,最重要的是传承人自己的事,他们是非遗的真正承载者和创造者,他们对文化遗产的态度,他们内心对传承的认识和理解,以及他们的生存状况,直接决定着今后非遗的命运。所以,关心民间艺术家所思所想非常必要。在这里,我避开了"艺人"这一称呼,更愿意真挚地称呼他们为民间艺术家、传承人,因为我觉得他们配得起这样的称呼,他们该有自己的名号。只有和他们深谈,我们才能走出课堂,走出理论,真正了解非遗保护最应该解决的问题,了解作为传承人他们最想解决的问题,了解他们在理想中想成为什么。所以,我们的访谈重点解决的就是传承人生活经历和求艺经历中促使他们形成目前风格的原因,从而追根溯源找

到最初的传统,通过对这个技艺的过程复现,让更多秘而不宣的技法直观地呈现在镜头和图片中,通过传承人对现状和未来的描述,识别他们的误区,解决他们的困境。从田野关系的搭建,到田野关系的融合,到无话不谈的心灵沟通,传承人给了我们师生源源不断的养料。当他们结业时,也是我们师生田野工作的结课时间。但这些还不够,根据研培的要求,我们在传承人回乡后,接着开始细致的回访,主要了解在结业后回乡取得很大进步和成绩的代表性学员的情况,总结经验,作为非遗保护和传承的成果案例进行新一轮推广。

所以,我们的目光所及就看到了"70后""80后""90后"的传承人们,他们结业后开始重视知识产权的保护,开始主动申请作品专利和产品商标;开始频繁参加全国巡展等活动,积极开拓市场;开始主动走到大都市里开班授课,和营销公司积极接洽。他们开始把眼光放远,成立了自己的手艺圈,互相帮助提携,让彼此感受到集体的力量,在传承的路上不再孤单。更可喜的是,这些受人尊敬的艺术家们已经把自己的手艺和非遗扶贫工作紧密结合起来,通过开门授徒,帮助附近的残疾人就业,利用村庄闲散的劳动力,让手艺成为扶贫工作坊的利器,成为乡村振兴的一面旗帜。所以我们看到,葫芦班里陕西洽川的李菲、河南南阳的侯宗娜等人都在非遗扶贫、支持就业方面独树一帜,取得了不俗的成绩。还有的学员不断创新,获得了令人瞩目的成就。他们开设自己的产品展厅或者博物馆,增加对外宣传力度,利用自媒体频频亮相,让传统艺人在现代社会发光发亮。做得比较好的有河南新乡的面塑艺术家刘真、甘肃的木雕艺术家李华中等人。

本套丛书中收录的每一个艺术家都是非遗传承人中闪亮的那一个,他们无论受挫还是成功的经历都是一段传奇。在贴近真实的口述实录中,我们师生本着真实记录、仔细捕捉、留住历史、启发众人的目的,让这样一套书既可以成为非遗保护的成功案例的汇总,让不同行业的非遗传人在阅读中获得启发;也可以成为专业研究者的田野资料,为非遗在不同视角下

(下转第18页)

中小学非遗教育传承政策及其影响因素分析 *

贺少雅

摘　要： 从非遗保护政策入手，对非遗教育传承政策的制定和实施及其影响因素进行分析，包括政策本身的科学合理性、政策推进机制、地方经济发展水平和文化资源情况、学校领导的办学理念以及非遗内在属性与传承特性等。实施中小学非遗教育传承，必须不断提高政策的全面性、精准性和灵活性，以确保整体推进；正视非遗教育的国家文化教育属性，理顺政策推进机制；结合地方文化资源和经济发展水平，制定不同层次的传承标准和评价体系；采取多种举措，充分调动学校开展非遗教育的积极性；呼吁作为非遗保护和传承理论主要建构者的民俗学科联合相关学科，加快非遗教育理论体系建构。

关键词： 中小学；非遗教育；教育政策；教育传承；影响因素

引言

我国自 2004 年正式加入联合国教科文组织《保护非物质文化遗产公约》（以下简称《公约》）以来，经过十几年的不懈努力，非遗保护理念不断深化，注重在提高中保护，强调非遗活态传承、走进现代生活、提高传承能力、保护传承环境。[1] 在这样的大背景下，非遗进校园，实现非遗的教育传承已成为学界共识。比如，段友文、郑月提出，学校教育保护模式与原生态整体保护、活态展演保护和区域合作保护是四种主要的非遗保护和传承模式。[2] 徐赣丽认为，学校教育、依靠政府力量、市场和旅游场域以及媒体和电子技术已成为四种主要的民俗传承途径。[3] 这种论断同样适用于非遗传承。

本文通过考察公办教育的非遗传承实践发现，高等院校的非遗教育实践和理论探讨均较受关注。比如，孙正国认为，高校非遗传承实践已从"以教师为主体、课堂传承为核心的理论准备阶段"发展至"以学科为主体、社会传承为核心的文化服务阶段"。[4] 丁永祥提出了高校非遗传承的任务和教育体系的构想[5]，马知遥、常国毅探讨了非遗教育性保护的方法论以及建设"非遗教育者共同体"与"非遗学科共同体"的问题。[6] 徐艺乙提醒高校非遗教育要着手建立非遗知识体系、课程体系和非遗保护理论体系。[7][8] 相较之下，中小学非遗教育传承仍偏重于传承实践和对策研究，体系建构性的研究偏少。研究者们多通过进入中小学传承场域进行实证研究，关注到非遗教育传承中存在的问题，诸如非遗保护与应试教育主导不一致，非遗传承与社区传承空间疏离；课堂内容通常只注重非遗技术、技巧方面的知识传授，较少关注到非遗内涵；非遗课堂要么常被其他科目占用，要么流于形式或应付检查等。[9][10] 在贵州、湖南、广西等民族地区，还叠加了主流文化汉化、少数民族非遗教育弱化以及非遗本身传承特性等影响因素。[11] 针对上述情况，高小康认为非遗教育应该以文化传承为教育目标，而不能仅囿于技能传授。[12] 田青、黄俭围绕核心素养理论来构建非遗校园传承体系，开发和施行面向核心素养的非遗课程。[13] 谭宏从幼儿、少年和青年三个年龄段不同的教育目标和受教者的接受能力出发构建了一套较为完整的非遗教育体系，认为幼儿非遗启蒙教育是培养非物质文化的热爱者，少年非遗认知教育的目的在于培养非物质文化的认同者，青年非遗

---

* **基金项目：** 本文系文化和旅游部非遗司委托项目"仪式节庆类非遗保护制度研究"阶段性成果（项目编号：221100019）。本文在撰写过程中，多次与华东师范大学李柯助理研究员、山西大学孙英芳博士、北京师范大学民俗学专业毕业生林加等讨论，并得到北京、浙江、山东、河南等省市非遗管理工作人员，以及北京市、辽宁沈阳、山西太原、浙江丽水等地部分中小学教师的大力支持，在此一并表示感谢。

作者简介： 贺少雅，北京师范大学中国社会管理研究院/社会学院讲师。

能力教育则是培养非物质文化的传承者。[14]就具体传承对策，学界一般均认为应将学校教育与社区教育相结合，由专业人员编写非遗普及本教材，纳入教学计划，安排固定的课程，或与音乐、美术、劳技等课程结合，同步开展非遗师资培育、课程建设等。

以上研究已就中小学非遗教育传承的体系建构、传承中存在的问题及其解决对策等积累了一定成果，但是较少对非遗保护政策的观照和分析。在本人看来，作为一种文化教育行政的非遗传承工作，非遗保护和传承的政策制定和实行对于传承效果起着至关重要的作用。因此，本文通过对多位非遗管理部门、非遗代表性传承人和非遗教育实践者以及教学一线的教师的深入访谈，着重探讨非遗教育传承政策制定和执行过程中的影响因素，以期为政策制定提供参考，推进理论思考。

一、非遗教育传承政策概述

学校教育在非遗保护和传承中的作用一直受到国家和有关部门重视。早在非遗概念进入中国之前，教育部门就已经将传统文化传承纳入学校教育，1995年颁布的《中华人民共和国教育法》明确规定："教育应当继承和弘扬中华民族优秀的历史文化传统，吸收人类文明发展的一切优秀成果。"[15]"文化"一词在文化人类学领域里的定义有上百种，"文化"再叠加上"传统"，使得学界和社会大众对"传统文化"的理解多有不同。庞朴、朱维铮均曾论及"传统文化"与"文化传统"之别，认为传统文化都是过去时的，属于历史的，但文化传统不是固定的，是与时俱进的。[16][17]王元化根据美国人类学家罗伯特·芮德菲尔德（Robert Redfield）的"大传统""小传统"理论，将"传统文化"分为精英文化和民间文化。[18]徐勇认为，作为教育内容的传统文化，内容包括经典文本、文化知识、技能技艺。[19]这是结合教育传承所理解的"传统文化"。可见，"传统文化"里已包含了非遗的内容。

2004年，全国人大常委会正式批准加入联合国教科文组织《保护非物质文化遗产公约》。《公约》对于非遗的学校教育有明确规定，要求各缔约国采取措施，确保非物质文化遗产的生命力，"包括这种遗产各个方面的确认、立档、研究、保存、保护、宣传、弘扬、传承（主要通过正规和非正规教育）和振兴"[20]。这成为中国当前必须开展非遗教育传承的根本依据。非遗教育后来随着非遗保护的大力推行和传统文化教育的不断升温，逐步走入公办学校教育。

如果说传统文化教育经历了一个民间影响官方的自下而上的过程的话[21]，那么非遗教育从一开始就是自上而下的国家文化教育行政工作。2005年，国务院办公厅印发《国务院办公厅关于加强我国非物质文化遗产保护工作的意见》，规定要广泛开展非遗的宣传展示和普及教育活动。[22]2011年实施的《中华人民共和国非物质文化遗产法》（以下简称《非遗法》）又明确提出，"学校应当按照国务院教育主管部门的规定，开展相关的非物质文化遗产教育"[23]。同时，教育部门文件遵循开展传统文化教育的思路，在教育部制定的《国家中长期教育改革和发展规划纲要（2010—2020年）》中再次明确要求"坚持德育为先"，"加强中华民族优秀文化传统教育"。[24]2014年，教育部印发《完善中华优秀传统文化教育指导纲要》继续细化相关规定，要求根据不同学段学生身心发展特点，逐步推进传统文化教育；小学高年级要开展认知教育，并设定传统节日、民族艺术、传统体育等内容的培养目标；在中小学德育、语文、历史、艺术、体育等课程标准修订中，要增加中华优秀传统文化内容比重，其他学科也要结合开展具有传统文化内容的综合实践活动；鼓励各地各学校开设专题的地方课程和校本课程；要"深入开展创建中华优秀传统文化艺术传承学校活动，邀请传统文化名家、非物质文化遗产传承人等进校园、进课堂"[25]。这一纲要是目前学校传统文化教育的主要依据，也首次将"非物质文化遗产传承人"概念融入进来。2017年，中共中央办公厅、国务院办公厅印发《关于实施中华优秀传统文化传承发展工程的意见》，指出中华优秀传统文化教育要"贯穿国民教育始终"，"把中华优秀传统文化全方位融入思想道德教育、文化知识教育、艺术体育教育、社会实践教育各环节，贯穿于启蒙教育、基础教育、职业教育、高等教育、继续教育各领域"[26]，要求构建中华文化课程和教材体系，修订课程教材，推进戏曲、书法、高雅艺术、传统体育等进校园。

与传统文化教育纲领性文件同步，教育部还发布了课程改革以及书法、戏曲等传统文化进校园等相关文件。2013年，教育部发布《中小学书法教育指导纲要》，要求把书法纳入学校教育体系。2016年，教育部等11部门联合印发了《关于推进中小学生研学旅行的意见》，指出中小学生研学旅行是学校教育和校外教育衔接的创新形式，是教育教学的重要内容，是综合实践育人的有效途径。2017年6月，中宣部、文化部（现为文化和旅游部）、教育部、财政部联合发布《关于新形势下加强戏曲教育工作的意见》，明确要求戏曲教育不仅要继续面向京剧、昆曲等具有标志性、代表性的大剧种，还要面向基层、面向地方戏。同年6月，教育部办公厅印发《关于2017年义务教育道德与法治、语文、历史和小学科学教学用书有关事项的通知》，要求增加传统文化的比重。同年9月，教育部印发《中小学综合实践活动课程指导纲要》，将综合实践活动课程纳入学时和学分，自小学一年级至高中三年级全面实施。2018年，教育部印发《关于开展中华优秀传统文化传承基地建设的通知》，计划到2020年在全国范围内建设100个左右的中华优秀传统文化传承基地，探索构建具有高校特色和特点的中华优秀传统文化传承发展体系。2019年11月和2020年3月，中共中央、国务院相继印发《新时代爱国主义教育实施纲要》和《关于全面加强新时代大中小学劳动教育的意见》，这两份文件对于传统文化教育政治意义的高扬以及劳动教育纳入大中小学必修课的要求，也为传统文化教育和非遗教育传承提供了广阔的政策空间。

值得注意的是，参照中共中央、国务院、教育部、文化和旅游部等文件，很多地方陆续相应出台了非物质文化遗产保护条例、文教结合行动计划、民族艺术和戏曲艺术进校园等具体要求，结合地方实际，进一步细化工作方案、重点任务，为非遗教育传承、传统文化教育等提供了政策保障。

二、中小学非遗教育传承的影响因素分析

尽管关于非遗教育传承的法规条例和行政性文件已经不少，但是政策的执行才是事关非遗传承的关键。那么，影响政策实施的因素有哪些呢？

1. 文教行政部门的工作机制

按照现行的文件要求，"传统文化教育"和"非物质文化遗产教育"同属国家文化教育的重要内容，其中"传统文化教育"概念出现较早，且"传统文化"作为一种政治话语，体现国家的文化发展方向，承担着传承文化、增进民族认同、维护国家形象等多重功能，"传统文化传承""中华优秀传统文化"等在国家战略性文件、文教部门中统一使用。"非物质文化遗产"概念进入国内较晚，业务上主要由文化部门主管，但非遗教育本身又是一个交叉范畴，要求在实际政策执行中必须与教育部门等统筹协作，于是建立良好的工作机制成为影响非遗教育传承效果的首要因素。

据笔者了解，中小学非遗教育的工作机制在各省市存在差异。比如，在工作机制方面，上海市自2013年以来建立了文教结合机制，推动部门协作和工作共享，市宣传、教育、文旅等部门连续发布文教结合三年行动计划，把传统文化教育、非遗进校园等工作整合起来，集中打造"文化艺术教育工程"，与思想文化、人才培育、文化创意、校园文化展示等工程打包推行，取得了明显的非遗保护实效。北京市非遗管理部门与市教委、商务局、人社局等建立了联席会议机制，并纳入《北京市非物质文化遗产保护条例》。按照联席会议机制，市教委加大力度在全市91所大学、1630所中小学广泛开展非遗教育；市人社局主要开展"以燕京八绝"为代表的传统工艺人才培养工作；市民族事务局围绕龙舟、风筝、空竹、冰蹴球等各类民族传统体育活动开展工作；市体育局重点推进太极拳、围棋、象棋等传统体育项目；各部门各司其职、互相协作。然而这种联席机制并不代表非遗管理部门可以直接干涉非遗教育工作，如果"非遗进校园"出现问题，仍主要由市教委协调，非遗管理部门较少直接干涉，因为双方属于平级单位。于是在政策夹缝中就开始出现一些模糊操作。比如，原则上，非遗部门有较完整的非遗传承人资源库，若市教委有师资需要，可以通过协商机制共享资源。但是北京市中小学对非遗教学师资的缺口很大，很多学校无法直接与非遗传承人对接，只好求助于

理论研究 Theoretical Study

中介"非遗经纪人"群体，而学校又缺乏对非遗知识掌握者（不一定是非遗代表性传承人）的评价标准，这就导致进行非遗教育实践的师资队伍里有的掌握非遗技艺但不懂教学，有的借非遗工作室之名浑水摸鱼，令非遗传承大打折扣。

并非所有的地方非遗管理部门都建立了较为完备的工作机制，很多情况下都是文化部门"一厢情愿"地向学校里强推，而且越到基层推进工作越难。于是，基层非遗管理部门只能另辟蹊径。比如，浙江省青田县采取与学校直接对接的方式，通过协助学校创建特色学校或者校园特色文化建设来推进非遗校园传承。县里支持学校建立非遗传承基地，一般学校非遗师资队伍维持三年以上正常教学活动的，即可申请传承基地，经过非遗管理部门审核通过后，可以得到10万—20万元的补助。基地创建后，县里不定期对学校进行抽查，若审核通过，每年还会给予基地五千元至几万元的补贴。县里还会给学校创造一些展示平台，比如举办全县"非遗进校园"评选活动，以调动学校非遗传承的积极性。现在，青田县已有十几个学校坚持进行非遗传承。

基础教育阶段的课程设置也是不同国家职能部门协商的产物。众所周知，"从娃娃抓起"不仅是文化部门的专利，司法部的法治教育、公共安全部的消防教育、国防部的和平教育等也都想进入国家课程体系，这无疑加大了传统文化进校园、非遗进校园的难度。

从目前教育部门以及教育研究者角度而言，传统文化教育学科化似无必要。因为现代学校教育经过近百年的发展已经有相对完善的课程教育体系，传统文化教育完全可以通过增加课本中的传统文化比重以及考试中的传统文化考核的比重来实现。[27]于是，我们看到，新一轮中小学教材调整后，的确大大增加了传统文化的内容。

2. 区域经济、文化、教育资源情况

经济发展、教育资源发达程度直接影响非遗保护的政策实施效果。一般来说，城市的非遗教育传承工作要好于农村，大城市要好于中小城市。以北京市为例，其得天独厚的文化、教育资源赋予了非遗教育传承较为广阔的发展空间，主要有以下形式：一是学校行政部门每年例行的大型活动，比如各种晚会、庆典等；二是任课教师们组织的实践活动和班级特色活动（有的称"一班一品"），包括朗诵比赛、戏剧表演等；三是综合实践活动课程和社会大课堂育人体系下的各种实践和选修课；四是社团活动，这部分由团委负责，学生们根据兴趣自由组合、自由活动，有的会指派教师负责，像古琴社、汉服社、象棋社、民乐团等；五是结合国家课程设置的综合实践活动，此项活动一般由学校德育部门负责，一些资源来自社会大课堂育人体系。每个学校每学年根据自身资源掌握情况，组织规模和次数不等的非遗进校园活动。

相比之下，一些中小城市受应试教育影响，基础教育阶段文化课的比重更大，非遗课程比例较低。小学低年级综合实践课程、社团活动、校本课程等尚属丰富，到了小学高年级，迫于升学压力，会越来越集中于语文、数学、英语等主课，美术、体育、实践课等副课越来越少，还经常被挤占。到了初高中阶段，随着课业压力增加，学生开展非遗综合实践活动越来越少。非遗进校园展览展示，要视学校本身掌握的资源而定。即使是有条件开设综合实践课程的，科技类的比例也要高于人文科学类。因为在长期以经济发展为主导的大背景下，科技的用武之地被极大凸显，学生取得的科技类成果有助于升学和未来发展，于是传统文化课程只能被边缘化，为素质教育"锦上添花"，或者被工具化为升学助推器。比如民族民间音乐、舞蹈等成为考生走高校自主招生的一种特长，甚至青少年掌握某项非遗技艺是为了增加积分落户大城市的筹码。这些追求或诉求不失朴素，的确也在情理之中。

农村地区原则上拥有天然的乡土文化传承优势。近年来，非遗教育的推行使乡土文化传统重建成为可能。比如，浙江丽水市松阳县板桥畲族乡中心小学就把得天独厚的畲族文化与学校教育结合起来。课堂教学开设畲语畲歌课，由该校教师市级畲族文化传承人授课；乡村学校少年宫、拓展性课程开设了畲家药铺、畲家风情社、美食社、民族体育社等课程；阳光体育大课间开展了三人板鞋、高跷、高脚马、竹竿舞等传统体育项目。学校还结合学校田径运动会、元旦文艺汇演、六一文艺汇演等活动，充分融入畲族文化元素，在服装、节目表演等方面传承畲族文化。山东青岛城阳区流亭社区

理论研究 Theoretical Study

非遗传承研究 2020 (3)

对国家级代表性非遗项目"胡峄阳传说"进行集中开发,在流亭小学实施峄阳文化进校园活动,编印校本课程教材《峄阳文晖》和《峄阳家训》。在每年的胡峄阳诞辰纪念日、清明节、端午节和重阳节,组织学生在峄阳文化园举办纪念传承活动和传统礼仪演示。

3. 学校领导的办学理念

校长是带领学校发展的关键。随着中小学校长负责制的普遍实行和逐步完善,校长领导力已成为影响学校教育质量的重要指标。校长的办学理念往往决定着一个学校发展的方向和发展前途。非遗教育传承能否贯彻,也与校长的眼光和理念息息相关。前述浙江省青田县采取的就是与学校直接对接的办法,取得了一定的进展。北京市第三十五中学的发展也是如此,该校校长将"人文、科技、艺术、体育和生涯"五大类作为学生成长中最重要的知识结构,而"人文、科技、艺术"又构成"三驾马车",受到格外重视。学校按照这种架构成立了课程中心,设置了五大课程体系。其中,人文课程体系把国家课程和课程外的拓展知识类课程统合在一起,结合课程资源和师资情况,开设了两大类体系,一是依托鲁迅故居开设了鲁迅研究课程;二是依托文渊阁四库全书影印版资源,与北京师范大学、首都师范大学等高校合作开设国学(包括书籍历史、雕版印刷、线装书装订等)以及诗词吟唱等课程,成为传统文化和非遗传承的重要载体。广州市珠村小学七夕文化校园的成功传承也与校长的力量和作为有很大关系。珠村自2005年开始举办七夕文化节复兴七夕文化,珠村小学抓住这一契机,主动将七夕乞巧文化作为学校教育特色进行着力打造,不管是校训"心灵手巧,日新月异"、课程教学环节设计"巧学巧思"还是德育渗透,都围绕着"巧"字展开,将"乞巧"的精髓融入学校的管理和教学。学校组织编写校本教材《我们的乞巧》;推广"乞巧"大课间;在校园里建设了乞巧工艺课室、乞巧文化长廊和乞巧小博物馆;将七夕乞巧文化与提高学生的动手能力、科技创新能力结合,打造"乞巧少年",每年参加广州市赛巧会,每年的科技艺术节都设置乞巧手工比赛,将精美的作品收入乞巧博物馆,并给同学们颁发乞巧收藏证书。借助每年举办

的大型七夕节活动,珠村小学培养小小乞巧讲解员,在每年的七夕节为全校师生、校外来宾讲解宣传乞巧文化。这些举措极大地培养了学生的荣誉感、参与感和认同感。珠村小学现在是广州市青少年乞巧文化传承基地,学校常态化地推进乞巧文化与教育的融合。

4. 非遗的文化属性和传承特性

关于非遗的文化属性,刘锡诚曾指出,非遗是"民族文化的基因、民族精神的载体","凡是传承至今的非物质文化遗产,凡是我国当前社会阶段为大多数民众所传习和接受,并仍然在民众生活中发挥着文化功能、富有生命活力的口头传承文化,都理应是我国当前社会文化的重要组成部分"[28],而且凭借着国家力量的强势推行,非遗已经逐渐融入公共文化[29]。但是在基础教育领域,传统文化和非遗的重新定位仍需要推动。笔者曾经为北京某重点中学指导民俗文化课题研究,在学生们的概念中,民俗都是过去式的,与现代生活无关,即使存在于当下,也是边缘化的、带有乡愁或者怀旧情绪的产物,于是他们选取的都是北京传统婚俗、老北京小吃、老手艺等。笔者还曾经为北京某重点中学策划仿古成人礼仪,有个别家长直接将这种形式斥为封建迷信,不允许孩子参加。学校有的领导也对传统礼仪形式如何为当代学生接受,礼仪文化如何融入现代心存疑虑。

在非遗传承实践中,"非物质文化遗产"与"传统文化"这两个概念似出现了雅俗之分。一线教师均知晓"传统文化进校园",但对"非遗进校园",有一些教师表示不清楚。在他们的理解中,传统文化、中华优秀传统文化偏重于经典文本和文学或者说"国学",比如《三字经》《百家姓》《弟子规》等童蒙读物和古代文学名著之类。非遗就是剪纸、泥塑等手工技艺或者民族民间舞和民歌,即使是属于非遗范畴的昆曲、古琴、京剧等,也更偏重于传统"雅"文化,而非"俗"文化。这无疑窄化了非遗的范畴,不利于非遗的校园传承。比如教育界曾开展关于传统文化及其教育的认识和态度的调查问卷,数据显示,公众对于"传统文化"排序分别是传统道德,传统服饰、饮食、建筑和器物,诸子百家经典及宗教哲学、传统文学。对于加入传统文化教育的内容,选择最多的是中医和民族地区文化。

对于未成年子女参加的传统文化教育活动，比较熟悉的是进行亲子诵读，参加历史遗址遗迹的游学，参加非遗等体验活动。[30]值得一提的是，尽管非遗在传统文化教育体系中的概念尚未明晰，但融入教育体系的非遗知识在增加，且非遗所传达的体验式学习方式日益受到欢迎。

非遗传承的活态性、整体性及其与日常生活的紧密联系，也与现代教育课程体系存在一定冲突。现代教育课程体系相对而言偏重于静态文本阅读、解析和记忆，而非遗课程强调一种浸入式、体验式、连续性的教学，比如扎风筝，要在师生手拿工具、不断互动的过程中完成。但按照现行学校课程安排，非遗课程通常都作为选修课，在每周固定的时间按照课时的方式进行，授课教师要按照课程时间对知识进行切割，这使得知识传授丧失了整体性和连续性，或者干脆成了文本式教学，缺少实践体验。非遗知识和技艺传承非一朝一夕甚至几节课就能掌握，比如昆曲、京剧等都需要童子功，这对于成长于当代社会中的大多数学生而言，要求太高，他们在短时间内很难学会。相反，一些话剧、舞台剧、朗诵等经过几天的排练便可登台表演，能满足学校、教师、家长和学生成果展示和产出的现实需求，还能较快获得荣誉感、满足感。所以，现在大部分中小学的文化品牌都是戏剧节、朗诵会等，即使是像《赵氏孤儿》《窦娥冤》等传统剧目，学生们也乐于改编成话剧等形式。

非遗的活态传承属性要求其与社区传承不可分割，二者缺一不可。比如，周星通过对日本丰桥鬼祭的观察发现，日本的非遗保护强调社区文化积累以达到环境熏陶的作用，从而让学生参与进来，不是特别强调非遗直接进课堂。反过来，儿童、学生的积极参加和作品成果也会给社区活动带来活力，二者形成良性循环。[31]现在一些学校除了非遗进校园"请进来"，也在探索"走出去"，让孩子们走进博物馆、实践基地和社区进行文化体验，这是值得肯定的做法。

结语

基于上述分析，本文认为，推进非遗教育传承是一个整体系统工程，并非一场运动可以一蹴而就，非遗教育传承需要政府、社会、学者、学校等多方力量共同努力，共同构建符合中国实际

的非遗教育传承政策体系和理论体系。

第一，政策制定者要不断提高政策的精准性、全面性和灵活性。从近几年中宣部、教育部、文化和旅游部等国家部委的政策文件来看，传统文化教育、非遗教育的融合度在逐渐加强，而且教育部门关于综合实践课程体系、教材的统一改革以及高考中传统文化比重的增加等，都在给予非遗教育传承更多的发展空间。

第二，要正视非遗教育的文教行政本质，理顺政策推进机制。要加强顶层设计，统筹推进非遗融入国民教育体系。非遗教育传承不是非遗管理部门单打独斗之事，而是需要教育部、财政部等部委的联动配合。在文化部门内部，也需要非遗管理部门和其他职能部门的协调一致。只有不断健全行政工作和政策执行机制，才能提升非遗保护和非遗教育实效。

第三，要结合本地文化资源背景和经济发展情况制订不同层次的传承标准和评价体系。政策制定时必须充分考虑到区域、城乡、民族等差异以及非遗的地方性等，增加政策执行的弹性和空间，避免"一刀切"。比如在编写非遗教材时，可以根据各省、市、县已有的非遗项目给出传承资源列表，而不是所有地区都传承统一的非遗项目。以戏曲为例，应该充分重视地方戏资源，如果全国范围内一致强推京剧进校园也不可取。饮食亦然，北京的中秋节兔儿爷在南京可能就缺乏传承的土壤，南京咸水鸭制作技艺在北京传承可能就不如北京本地的烤鸭制作技艺受欢迎。

第四，要采取灵活措施，充分尊重和调动学校开展非遗教育的积极性。非遗教育的关键词是教育，最终要落在教育、落在学校上，校长、教师的主动性和积极性是非遗传承下去的最后也是最重要的环节。不仅要把非遗进校园明确写入文件，也要从政策上给予基层探索的空间。鼓励学校结合本土资源开展特色校园文化建设，联合高校科研院所、非遗传承人等，为学校提供更多丰富的文化资源。

第五，呼吁作为非遗保护和传承理论主要建构者的民俗学科会同教育学等相关学科加快完善非遗教育理论体系。非遗保护理论研究牵扯到民俗学、教育学、音乐学、舞蹈学、工艺美术学、体育学等诸多学科，但每个学科各有

所长，民俗学科长期专注于非遗理论体系建构，但是对于教育传承的研究尚待深入，应该结合教育这个落脚点，构建适合学校教育传承的非遗传承理论体系和知识体系，包括教学目标、教学方法、教学内容、师资队伍建设等。同时要通过讲座、展示宣传活动等提高公众尤其是中小学生对非遗的认识，让大家理解非遗的当代性和在日常生活中的现代价值，让非遗真正地以活态传承的形式融入教育。◈

参考文献：

［1］项兆伦.在全国非物质文化遗产保护工作会议上的讲话［J］.中国集体经济，2016(4): 66.

［2］段友文，郑月."后申遗时代"非物质文化遗产保护的社会参与［J］.文化遗产，2015(5): 1—10.

［3］徐赣丽.当代民俗传承途径的变迁及相关问题［J］.民俗研究，2015(3): 29—38.

［4］孙正国.十余年来中国大学"非遗"传承的实践形态［J］.文化遗产，2017(1): 11—16.

［5］丁永祥.高校非物质文化遗产教育论略［J］.河南师范大学学报(哲学社会科学版)，2011(3): 251—253.

［6］马知遥，常国毅.非物质文化遗产教育性保护的方法论与道路探究［J］.民族艺术研究，2019(6): 135—144.

［7］徐艺乙.非物质文化遗产的传承与高等教育的使命［J］.徐州工程学院学报(社会科学版)，2010(1): 67—70.

［8］徐艺乙.再谈非物质文化遗产的传承与高等教育的使命［J］.徐州工程学院学报(社会科学版)，2013(2): 67—70.

［9］李卫英.非物质文化遗产的学校教育传承路径探析——以贵州省民族民间文化进校园活动为例［J］.湖南师范大学教育科学学报，2014(4): 44—48.

［10］曾梦宇，张雪梅."非物质文化遗产"学校传承方略研究——以黔湘桂侗族地区为例［J］.原生态民族文化学刊，2016(3): 120—124.

［11］普丽春.学校教育中的少数民族非物质文化遗产传承与发展研究——基于对云南省的调查［J］.民族教育研究，2010(2): 35—42.

［12］高小康."红线"：非遗保护观念的确定性［J］.文化遗产，2013(3): 1—7.

［13］田青，黄俭.把握坚持文化自信的有效载体——兼谈核心素养视阈下的非物质文化遗产校园传承［J］.人民音乐，2016(12): 36—39.

［14］谭宏.构建非物质文化遗产教育传承体系的探讨［J］.重庆高教研究，2015(1): 80—88.

［15］中华人民共和国教育法［ZN/OL］.中国人大网 http://www.npc.gov.cn/wxzl/gongbao/1995-03/18/content_1481296.htm.

［16］庞朴.文化传统与传统文化［M］//.中华文化与地域文化研究——福建省炎黄文化研究会20年论文选集［第一卷］.福州：鹭江出版社，2011: 19—25.

［17］朱维铮.传统文化与文化传统［J］.哲学动态，1987(5): 35.

［18］王元化.大传统与小传统及其他［J］.民族艺术，1998(4): 201—203.

［19］徐梓.中华优秀传统文化教育十五讲［M］.北京：北京师范大学出版社，2018: 71—82.

［20］侯湘华，马文辉.联合国教科文组织《保护非物质文化遗产公约》基础文件汇编［M］.北京：外文出版社，2012: 10.

［21］徐梓.中华优秀传统文化教育十五讲［M］.北京：北京师范大学出版社，2018: 36—41.

［22］关于加强非物质文化遗产保护工作的意见［ZN/OL］.中国人大网 http://www.npc.gov.cn/zgrdw/huiyi/lfzt/fwzwhycbhf/2008-12/09/content_1461286.htm.

［23］中华人民共和国非物质文化遗产法［ZN/OL］.中国人大网 http://www.npc.gov.cn/wxzl/gongbao/2011-05/10/content_1664868.htm.

［24］国家中长期教育改革和发展规划纲要(2010—2020年)［ZN/OL］.中华人民共和国教育部网站 http://www.moe.gov.cn/srcsite/A01/s7048/201007/t20100729_171904.html.

［25］完善中华优秀传统文化教育指导纲要［ZN/OL］.中华人民共和国教育部网站 http://www.moe.gov.cn/srcsite/A13/s7061/201403/t20140328_166543.html.

［26］关于实施中华优秀传统文化传承发展工程的意见［ZN/OL］.中华人民共和国人民政府网 http://www.gov.cn/zhengce/2017-01/25/content_5163472.htm.

［27］王旭明.中华优秀文化传统该怎样进校园［J］.语文建设，2015(3): 5—6.

［28］刘锡诚.正确认识"非遗"的文化属性［N］.学习时报，2011-10-10(06).

［29］高丙中.中国的非物质文化遗产保护与文化革命的终结［J］.开放时代，2013(5): 143—152.

［30］杨东平.中国传统文化教育发展报告2018［M］.北京：社会科学文献出版社，2019: 7-8.

［31］周星.日本的丰桥鬼祭：对一项无形民俗文化遗产的现场观察［J］.文化遗产，2015(6): 45—54.

再论民间手工艺的保护与传承

——以湖北省非遗为例 *

张汉军　　谢宏雯

摘　要： 湖北民间手工艺历史悠久，独具特色，但其创新和传播能力并不尽如人意。怎样认识民间手工艺并能够使这种艺术形式实现可持续发展？笔者认为需从活态展示、用好节会、成立行会、师徒传承四个方面来进一步考虑湖北民间手工艺的保护与传承。

关键词： 民间手工艺；非遗；保护传承；可持续发展

作为非遗的一个重要门类，民间美术以及与之相关的手工技艺具有极为深厚的文化底蕴，是中国传统文化的代表之一。但长期以来，作为珍贵民族遗产的民间手工艺并没有得到很多重视，这一方面是因为这种艺术形式赖以生存的小农经济解体，与之相应的民风民俗改变甚至迅速消亡；另一方面是在商品经济的无情冲击下，个体手工艺的不可复制性、弱传播性、自我更新能力缺乏，导致这种特有的民间艺术偏居一隅，存续情况堪忧。怎样重新认识民间手工艺并使这种艺术形式可持续发展，对于我们来说是个必须面对的课题。

湖北原为古楚之地，一直以来，楚文化中极具个性与生命力的因子深远地影响着后世的湖北地区，使得湖北一地的民间手工艺"独与天地精神往来"。日本民艺家柳宗悦说过，"手工艺都是建立在深远的传统之上的"[1]，湖北民间的手工艺亦来自源远流长的传统文化，深深扎根于楚地。认识其间的民间艺术，其实是在回望我们的传统，认真地对待祖先留给我们的珍贵遗产。

一、湖北民间手工艺特征

湖北位于中国的中心和腹地，各种文化在这里交汇。除前述楚文化的遗风外，以荆楚为中心，东为吴越文化，西为巴蜀文化，北为中州文化，南为岭南文化。楚文化融汇了周围丰富的文化资源，再加上取之不竭的丰厚物产，多姿多彩的民俗风情，造就了湖北民间材质精美、技艺精湛的手工艺作品。

1. 历史悠久

湖北民间手工艺历史悠久、传承古老。大冶石雕的渊源可以追溯到唐代，尹姓先人在大冶依山采石，以雕刻为生。石雕技艺在尹解元村世代相传，已先后传承了二十代。汉绣源于楚绣，几近失传。现在的汉绣据史书记载，始于汉，兴于唐而盛于清。明清时，省内各地都有手工织绣工艺坊，其时民谚有"天下无女不绣花"之说。石首市的绣林镇、洪湖市的峰口镇一带的绣花堤和汉口的绣花街等，皆因刺绣集中而得名。被称为"木板上的刺绣"的通山木雕兴起于唐宋，至明清两代进入繁盛期，特别是在明末，当地兴建了大量的以木结构为主的庙宇、祠堂，上面装饰了大量的木刻木雕，成就了通山明清建筑的辉煌。这些传统手工艺饱含着对大自然和宇宙的认知，世代相传，随着社会风俗的演进而演变，被无数的传承人不断琢磨与改进，文化内涵不断丰富。

2. 地域性明显

俗话说，一方水土养一方人，不同区域的人在生活中形成不同的民风民俗，这些不同的风俗

* **基金项目：** 本文系江汉大学武汉语言研究中心（湖北省人文社会科学重点研究基地）开放基金项目"非遗文化视野下的武汉高校美术创新实践研究"阶段性成果（项目编号：Z11）。

作者简介： 张汉军，江汉大学设计学院副教授。
　　　　　谢宏雯，中共武汉市委党校《长江论坛》编辑部副编审。

习惯造就了形态各异的民间美术。孝感的雕花剪纸以雕刀代替剪刀雕刻花样，精致巧细。一幅作品一般多个主题，构图细腻逼真，意境深远。汉川的马口陶器采用当地陶土制胚，在高温中烧制不变形，可塑性强，粘接、修补方便。用烧成的器物盛酒，透气不透水，存香保质；也非常适合储存食物，是腌制泡菜的绝佳盛器，实用性强。陶器上覆盖的化妆土和釉，都为湖北地区所独有，烧成的器物有火的变化痕迹，加上施釉陶器经柴窑烧后产生亚光釉面，独特耐看。这些民间手工艺一直以来都是江汉平原日常生活中重要的生活用具，深受劳动人民的喜爱。

3. 民族特色浓厚

湖北是一个多民族聚居的地区，汉族、苗族、土家族、回族等在此杂处，形成了独具特色的民族民间艺术。汉绣以楚绣为基础，吸收融合了南北绣法的长处，讲究图案边缘的齐整以及色彩之间的层次感和立体感。任本荣作品《九头鸟》、王子怡作品《金龙鱼》等绣品色彩浓艳，画面丰满，具有极强的装饰性。比起苏绣的温文尔雅、湘绣的清新淡丽，汉绣尤其显得粗犷浓艳、刚中见柔，体现出生生不息的生命力。土家织锦"西兰卡普"虽与汉族的织造工艺相仿，但其纹样源自自然物象，因受织锦工艺的限制，其抽象成分加大，具有强烈的几何化特征，仅凭视觉观察很难辨认出它们所表现的物象原形。例如象征太阳的十六勾、四十八勾等图案具有古老的图腾崇拜特征，反映出土家族民间工艺浓重的祈祷性质。

4. 蕴含中国传统的民间哲理

封建社会中，生活在底层的劳动人民将自己对美好生活的向往在民间手工艺中充分地展现出来。湖北民间工艺的一大特色就是趋利避害。天门糖塑蕴含着丰富的世俗文化内涵，其题材主要有吉祥、避邪和忠义三大类。吉祥类的代表作《龙戏凤》，避邪类的代表作《除五毒》《三怕》等，塑造出的人物走兽、花鸟鱼虫，都含有趋吉避凶的寓意。老河口的木版年画题材广泛，表现吉祥喜庆的有"麒麟送子""福寿双全""百子闹春"等；表现人康宅安、驱邪降福的有"钟馗""秦叔宝""关公"等。这些打破时间与空间的表现方法，在民间手工艺中频频出现，入情入理，和谐统一。

5. 拥有质朴的审美理想与生生不息的生命力

在几千年的文化熏陶下，民间的手艺人富有质朴的审美感情和审美理想，讲究大和满，讲求对称、偶数等审美观念，这些均体现在民间手工艺的造型中。襄阳老河口木版年画的国家级代表性传承人陈艺文制作的年画《一团和气》和《秦琼》里的人物形象健壮、硕大、丰满，整个版面也有着较为典型的饱满构图。黄梅挑花的传承人石久梅制作的作品《凤穿牡丹》《八狮滚绣球》等，图案以深色做底，以白线构型，用桃红、橘黄、湖蓝、粉绿等颜色填充，色彩艳丽，整个挑花的构图满满当当，对称对偶，无论是凤、虎还是蝴蝶等，都是成双成对，表现得极为完整。湖北的民间手工艺还蕴含着生生不息的生命力，具体来说就是活泼、大气。阳新布贴因受拼布工艺的局限，制作手法虽然看似简单，却在元素的组合、造型和色彩的搭配上不拘一格，使阳新布贴呈现出一种万花筒式的纷繁活泼。阳新布贴的造型来源于先人传下来的花样，但后人在运用花样时，往往对花样进行了自己的构想与改变，不求形似，只要好看、吉利，从幅面容量出发，无论人物、动物、植物、八宝祥瑞，尽可随意组合，体现出生命的丰盈与完满。

二、湖北民间手工艺的保护与传承

目前，湖北在对非遗的调查与研究、建立非遗博物馆、为非遗建档等方面都做出了不俗的成绩，这些方式也是民间手工艺保护传承的首选方式。但在此种形式下，民间手工艺要么成为博物馆里的展示品，要么偏居学术一隅，等待观赏和研究。事实上，民间手工艺是时间和文化的沉淀，是一方水土一方人的生命延续，是一种动态的积累，需要转换思路进行动态的保护与传承。

1. 活态展示

传统手工艺保护与传承的一个重要方面就是博物馆展示，但这样的展示是静态的，无法避免收藏的局限性，也不利于文化的拓展延续。借助现代科技的发展，可以利用数字化技术对民间手工艺进行动态保护。录像、录音、拍照等各类技术手段都可以在数字化博物馆里呈现，民间技艺可以动态化地进行数字化存储，再以二维或者三维立体的多媒体手段加以呈现，甚至可以运用VR技术，与观者在虚拟现实中进行互动，让他们真切感受传统技艺的操作过程。虽然整个过程是虚拟的，却能立体、全方位地呈现民间手工艺的表现形态和制作过程。除此之外，民间手工艺还非常适合用数字形式为读者提供可以互动的数字读物。此类读物通过数字化技术手段采集后进行适当编辑，发布在可进行互动体验的电子移动设备上，这种方法也能全面展示民间手工技艺的特点及步骤，让参与者随时看到民间工艺的真实状态，了解制作的全动态过程，并可进行细致的观察研究。

2. 用好节会

作为文化旅游的重点项目，传统的节会无疑是另一个民间手工艺展示的载体。城市的风貌、博物馆的文化寻根是静态的展示，动态的展示则需要节会的打造，从而塑造出独一无二的城市魅力。单纯靠静态物质的展示难以体现出民间手工艺所蕴含的文化意义，需要借助传统的节会，通过节会上丰富的项目，体验地区间不同的文化与氛围，感受地区和城市的独特魅力，这样才能加深消费者对地区民间文化的认识。湖北地区有许多特色传统节日，如恩施土家摆手舞文化旅游节、十堰武当国际旅游节、荆门观音岩圣诞庙会、黄陂木兰山登山节、荆州关帝庙大型庙会等，依托传统节会，对城市的文化、历史、技艺、符号等深藏其中的资源进行深度挖掘，在此基础上，让参与者直观体验民间手工艺。这种集观赏、体验、参与为一体的深入互动，特别是近年创新的情景浸入式的旅游体验模式，为民间手工艺的活化传承提供了一种可能性。

3. 成立行会

无论是东方还是西方，在商品经济有了一定发展时，都会产生行会，保障本行业的利益，协调同业关系和矛盾，处理与政府的关系。手工业因是个人或者小作坊式的生产形式，更需要同业或相关行业联合起来组成行会来保护自己的利益。民间手工艺狭小的流通范围以及独有的地方性特色，较适合利用行会的力量来进行保护。力量薄弱、单打独斗式的民间手工艺人成立行会，一方面能够使民间手工艺传承者的生活有保障，保证产品质量；另一方面，行会这种传统的组织形式除了对内保证会员的权利义务均等外，对外能够保障民间手工艺的文化价值与商业价值相符，这是个人力量不可能达到的。湖北历史上行会的发展比较繁荣，如汉口的行会，在19世纪的武汉有着举足轻重的地位，其中手工业者行会占据极大的一部分。美国学者罗威廉（William T.Rowe）认为，汉口的行会具有四个方面的作用：文化功能，如祭祀和主持戏剧表演，以培养群体意识；商业功能，如规范贸易，努力追求成员在地方市场中的行业利益等；团体功能，有些

金融活动必须有一个组织才行；社会服务功能，包括仅向行会成员以及向全部城市人口提供的服务。[2] 成立民间手工艺的行业协会，在湖北省有悠久的传统。民间手工艺行会作为一个行业组织，可以更好地促进民间手工艺的保护与传播，引入相关投资帮助发展。

4. 师徒传承

民间手工艺除极少数外，普遍面临后继乏人的窘境。怎样保证民间手工艺的传承？笔者以为，引入中国传统的师徒制是可以考虑的一个方法。手工艺的发展向来以父子相传为主，也就是俗称的"传男不传女"。明代商品经济发展，导致传统家庭手工业的技艺传授扩大到邻里之间，通过父子相传、母女相传、师徒相传、邻里相传，使其在地区内部、地区与地区之间传播、演绎和发展，形成了一种特殊的传授形式，培养了大批的手工业者。这种师徒相授的方式比较利于民间技艺传承，因为民间技艺只有在较小范围内传承才能保证技艺的排他性和独有性，所以很多民间技艺没有文字记载，单纯靠口传心授，师徒多为同一家族成员或亲戚，他们不仅有家庭伦理关系，还有师徒关系。这种双重的关系更有利于感情的交流和技艺的传授。同时，中国传统文化讲求因材施教，师傅对徒弟的选择除了看重技艺，更看重品德。徒弟从师傅那里学习技艺的同时，可以了解师傅的思想和价值观，经过长期的耳濡目染，会坚持师傅传下的技艺标准，并反复磨炼。

民间手工艺构成我们文化的一部分，需要我们去正确地认识，用心地感受，如同柳宗悦所说："能够看到正宗的过去，也就意味着能够看到正确的未来。"[3] 从这个意义上来说，保护和继承好民间的艺术，能够使我们从容不迫地面对未来。◆

参考文献：

[1] 柳宗悦.日本手工艺 [M].桂林：广西师范大学出版社，2011：195.

[2] 罗威廉.汉口：一个中国城市的商业和社会 (1976—1889) [M].北京：中国人民大学出版社，2005：352.

[3] 柳宗悦.工艺之道 [M].桂林：广西师范大学出版社，2011：113.

理论研究 Theoretical Study

非遗传承研究 2020 (3)

留住美丽乡愁　传承民俗文化

——江苏省民俗类非遗项目传承发展的调查与思考

张　磊

摘　要：江苏省民俗类非遗项目众多、资源丰富，在弘扬优秀传统文化、彰显文化自信、推动文化强省建设等方面发挥着日益显著的作用。本文通过对江苏省在民俗文化保护传承方面经验做法的系统梳理和总结，深入分析当前制约民俗文化发展的主要因素，力求校准新时代民俗文化传承发展的坐标定位，提出民俗文化保护可持续发展的目标方向，进一步推动民俗文化的传承与发展。

关键词：民俗；非遗项目；传承；可持续发展

作为优秀传统文化重要组成部分的民俗类非遗项目，是长期以来形成的一种富有地域特色、蕴含了族群繁衍生息密码的民间集体活动，具有凝聚族众、振奋精神、团结和谐的功能，寄托了人们的良好愿望。在非遗认定体系中，民俗类项目占有重要的地位，被专门作为一个独立类别进行保护。目前已公布的四批国家级非遗项目共 1372 项，其中民俗类项目 426 项，约占总量的 31%。江苏省人文荟萃，文化繁荣，民俗文化丰富多彩、独具特色，民俗类非遗项目在民间数量众多且存在广泛，几乎遍布人们的生产、生活等各个方面，贯穿人的一生。民俗类非遗主要包括节庆习俗、民间信俗、人生礼俗和生产生活习俗四个专项。在江苏省各级非遗项目名录中，入选联合国教科文组织"人类非物质文化遗产代表作名录"1 项，即苏州端午习俗；入选国家级非遗代表性项目名录 9 项，包括苏州端午习俗、秦淮灯会、苏州甪直水乡妇女服饰、金坛抬阁、溱潼会船、茅山会船、泰伯庙会、苏州轧神仙庙会、金村庙会；省级项目 56 项，市级项目 178 项。民俗类非遗项目的国家级代表性传承人 3 名，省级代表性传承人 6 名，市级代表性传承人 105 名。

一、民俗保护传承基本经验

近年来，江苏省立足省内丰富和优质的民俗文化资源，按照"保护为主，抢救第一，合理利用，传承发展"的保护方针，把保护传承民俗文化作为推进中华优秀传统文化发展振兴的重要抓手，把民俗文化的保护传承与生态文明建设、文旅融合发展、乡村振兴等紧密结合，通过举办民俗文化节、民俗研讨会、民俗文化展演，推进基层文化惠民等手段，打造各类传统民俗传习空间，积极推进乡村非遗衍生品创意开发。民俗文化活动与当代生活结合日益密切，影响日益扩大，不少项目已经融入老百姓日常生活，成为喜闻乐见的生活方式。这些年，积累了民俗保护传承的六条基本经验。

第一，民俗文化保护机制不断完善。编制完成所有入选"国家级非遗代表性名录"的民俗项目中长期保护规划，并列入当地文化遗产保护专项规划，从政府层面为民俗项目保护提供了政策、资金等条件保障。围绕"强基础，增学养，拓眼界"的培训思路，每年组织民俗类传承人进行专题培训，在社区、乡村组织相关爱好者进行培训，恢复并壮大集体性项目团队，不断强化传承人综合素质和专业技能，为传承发展积蓄后备力量。利用非遗馆、文化馆暨非遗保护中心、文物保护单位等公共文化设施，为民俗项目开展活动提供场所或活动条件，对评为民俗项目省级传承人每年发放 8000 元传

作者简介：张磊，江苏省文化和旅游厅政策法规处副处长。

习补贴。建立非遗保护工作政府部门联席会议制度，完善民俗类非遗保护专家库，为政策制定、名录项目评审和传承人认定、项目保护和人员培训等提供咨询、指导，开展专题研究。

第二，民俗文化活动丰富多彩。结合传统节日和岁时节令，分别举办秦淮灯会、古胥门灯会、苏州端午节会、扬州中秋赏月会、薛城花台会、宜兴观蝶节、祠山庙会、七夕节、柚山放灯节、泰伯公祭等民俗活动，吸引逾4000万人次观赏、参与。作为首批国家级非遗项目的南京秦淮灯会，是国内持续时间最长、参与人数最多、规模最大的民俗灯会，每年吸引近600万人次参与，享有"天下第一灯会"的美誉，2019年入选文化和旅游部非遗与旅游融合十大优秀案例之首。泰州市坚持"民俗民办"理念，以国家级非遗项目"溱潼会船"为重点，通过举办溱潼会船节、湿地生态旅游节、中国湿地论坛等，让广大民众充分分享受地道的民俗文化大餐，"溱潼会船"被列为全国十大民俗节庆活动。镇江市每年在中秋期间举办"民俗文化周"系列活动，以图文、展览、展演等各种形式，在当地景区集中展示各类非遗项目，组织省市级非遗项目前来展演，让市民近距离了解非遗，促使非遗回归民间本土。持续时间长、参与人数多、门类多样的各类民俗活动也极大地辐射带动了传统舞蹈、传统美术、传统技艺、传统游艺类非遗门类项目的发展，比如莲湘舞、荡湖船、草柳编、秧歌号子、传统木船制作技艺等过去逐渐萎缩的项目得到了不断发展壮大。在各级政府和非遗保护部门的引导和推动下，通过对一系列品牌化、亲民化、零门槛民俗活动的打造，"民俗融入生活、民俗就是生活"的理念正逐渐被老百姓接受，并日益转化为老百姓愿意主动参与、积极维护、身体力行的文化自觉。

第三，生态化整体保护卓有成效。为维护民俗类非遗项目赖以生存的自然生态与人文生态环境，从2011年起，原江苏省文化厅分四批建成了10个省级文化生态保护实验区，其中民俗类生态保护实验区占7个。原江苏省文化厅专门下发《关于省级文化生态保护实验区建设的指导意见》，与文化生态保护实验区申报地人民政府密切协作，从凝聚共识、制定规划、出台措施、建章立制等方面入手，吸纳社会力量积极参与，有效推动了区域内民俗类非遗项目

与自然、社会环境的和谐共存、协调发展。泰州市姜堰区出台了《清明习俗文化生态保护实验区规划纲要》，成立了清明习俗保护专家委员会，对保护实验区内的非物质文化遗产和物质文化遗产，特别是与清明有关的各种习俗文化，包括清明会船、祭祀信仰、庙会集期、农事渔事、服饰饮食、演艺娱乐等，进行全面、深入、细致的普查，并将保护区范围内的文物保护单位、特色文化村落等纳入整体保护范围。作为唯一拥有两个世界文化遗产的江南水乡，苏州市同里水乡民俗保护实验区注重将历史文化资源的合理开发纳入旅游发展规划当中，以文促旅，以旅彰文，以旅游活动为传播介质，打造特色旅游品牌。南京市高淳村俗文化生态保护实验区按照"一镇一品、一村一特"的建设思路，把传承弘扬优秀传统文化与新城镇新农村建设有机结合起来。修缮漆桥老街，恢复传统技艺作坊，建成了以"孔子文化"为代表的民俗一条街、蒋山村俗文化展示中心、东坝大马灯展示基地。淮安市洪泽区通过举办水文化节、罩鱼大赛等活动，推动湖区内与渔文化相关的自然生态、历史遗迹的活态传承和非遗保护。

第四，民俗文化传播渠道不断拓宽。江苏省文化和旅游厅积极鼓励各地主动适应和利用网络新媒体，加大民俗活动宣传推广力度，使得民俗文化宣传日益呈现出主体多元化、方式立体化、成效倍增化的良好态势。江苏省非遗保护中心积极开展网络直播系列活动，以"分享·传承"为主题，定期以访谈、视频再现、现场展演展示等方式，呈现和分享民俗活动的精彩片段。无锡泰伯庙会、苏州轧神仙庙会、南京祠山庙会等一批地方文化节庆展示活动通过网络直播推广，获得了良好的宣传展示效果。举办多届的淮安市盱眙"欢乐山城"元宵节民俗汇演联合了腾讯、新浪等多家网络媒体同步直播，共吸引了近8万人同步观看。无锡市建立的"非物质文化遗产保护中心"微信公众平台，不定时发布当地传统文化发展状态、介绍民俗民风知识，活泼有趣的文风、丰富详实的内容吸引了众多"粉丝"的关注。

第五，民俗文化载体建设不断强化。江苏省文化和旅游厅先后投入300万元专项经费支持民俗类文化生态保护实验区建设，每年扶持

调查与报告 Surveys & Reports

10个基层非遗馆建设，一批民俗类专题或主题场馆陆续建成开放。各地也通过政府投入、招商引资、吸纳社会资金的方式加以扶持。苏州市从2000年开始每年投入专项资金，加大力度保护端午节习俗的文化空间，对胥门、阊门城墙进行修复保护，特别是在胥江边百花洲公园树立了大型伍子胥石雕人像，供市民凭吊纪念。南京市民俗博物馆是南京地区陈列民俗物品、研究民风民俗、弘扬民间优秀传统文化的重要展示地，100多项市级以上非遗项目在此展示，其中育儿、婚嫁民俗的展示深受游客的喜爱。泰州非遗馆以文字、图像、实物等向游客展示当地水上民俗婚礼、赛龙舟等民风民俗，馆内常年设有适合游客参与的互动体验活动，不但传播了当地的历史文化、民族习俗、风土人情，也成为深受游客喜爱的旅游体验场所。张家港市积极推进核心区域传统村庄的升级改造和年丰古街非遗保护区改造工程，新建了沙上文化长廊等一批文化设施。南通非遗工坊全年免费开放。目前，江苏省已建成开放的各类非遗展示馆（厅）和民间艺术馆、传习所（传承基地）达558个，已成为传承传播、交流互动的重要载体。

第六，民俗文化挖掘研究成果丰硕。各地紧密结合非遗保护工作，以民俗基础理论和项目保护研究为重点，坚持理论与实践相结合，认真开展调查研究和工作探讨，不定期举办民俗文化研讨会，形成了一批具有一定质量的理论研究成果。溧阳市定期举办傩文化国际学术研讨会，吸引来自全国及韩国、美国、德国、新加坡的傩文化研究专家、学者参加会议，深入研究探讨。"常州民俗文化"丛书、《苏南民俗研究》《苏州民俗文化集英》《苏州端午节》《宝卷民俗》等一批契合当地民风民情的研究成果也推动了江苏民俗理论研究工作的蓬勃发展。

二、制约民俗发展的因素

经过近年来的调查和工作实践发现，民俗类非遗项目在取得巨大发展进步的同时，也存在着一些急需解决的问题和困难，个别问题已经成为制约民俗进一步传承发展的重要因素，需要从以下五个方面入手加以解决。

第一，受民俗项目自身原因限制，传承群体较少。民俗类项目的集体性、时令性、多样性的特征，客观上使得评选认定的此类非遗代表性传承人数量不多，较难产生像传统戏剧、传统技艺等类别那样影响大、代表性强的传承人。有的设区市有10多个民俗类非遗项目，却没有一名此类传承人。这种情况一方面削弱了民间民俗文化活动组织者的积极性，另一方面也会对项目自身的发展培育产生影响。不少民俗项目的传承人年纪大，而年轻人又不太愿意学习，出现了后继乏人的局面。

第二，生态空间的缩减致使部分民俗项目不断淡化萎缩。随着文化趋同化、社交网络化、城乡一体化的进程不断加快，有的传统村落在城镇化过程中不断消失，缺少了民俗活动的承载环境，导致原有的部分民俗节庆活动逐渐萎缩甚至中断。像洪泽湖地区，当地以渔业为主的村落仅剩下10多个，近年"洗脚上岸"的渔民就达1.6万名，他们如今散居各处，以往一些渔业相关的民俗活动很难再看到身影，存在非遗传承链条断裂的隐忧。

第三，伪民俗的出现干扰了民俗文化的有效传承。个别地方为了推动当地经济发展和旅游开发，编造伪民俗、伪遗产。民俗文化从原本的仪式性、日常性和自娱性走向展演化、节庆化和市场化，原本特定时节、特定环境的民俗项目成了定期必演的表演性娱乐节目，干扰了民俗类非遗项目的科学有效传承。

第四，民俗文化保护传承经费投入不足。保护与传承民俗文化的经费保障机制尚未健全，一些重点保护的项目在资金保障上只能采取轮流投放或"撒胡椒面"的方式解决，特别是区县一级的专项经费投入不够，缺乏有效的行政手段进行推动。同时，民俗文化民间组织自身市场意识淡薄，造血功能差，仅靠民俗爱好者们的热情与积极性，难以持久获得经费。

第五，部分传统民俗形式陈旧单一，缺乏创新。一些民俗项目的文化、经济和社会价值没有得到充分彰显。由于无法适应当代民众娱乐方式和审美趣味的变化，个别项目对受众缺乏吸引力，生存空间越来越狭小。

三、发展目标及方向

以健全民俗保护体系和传承机制为目标，

以创造性转化、创新性发展为着力点，以规范化、制度化、标准化建设为落脚点，把弘扬优秀民俗文化与江苏文化强省建设、打造"强富美高"新江苏的实践结合起来，将工作重心放在深化保护工作规范化管理、规律性探索和保护项目的创新性传承、发展和利用上，让江苏省优秀民俗文化拥有更多的传承载体、传播渠道和传习人群，推动民俗保护理念、保护方式、保护路径的创新发展，把握主动权，适应新常态，推动保护事业可持续发展。

第一，加强挖掘整理，推动民俗研究数字化、精准化。适应民俗生存环境的新变化、创新发展的新要求和提升振兴的新机遇，推动将民俗文化保护纳入"十四五"江苏省文旅融合发展整体规划部署安排，进一步加大江苏省民俗文化挖掘整理力度，运用录音、录像、照相、文字等方式，对列入省级以上、具有区域特色的民俗文化活动进行系统挖掘整理，科学、真实、完整地实施数字化记录和保存，建立民俗文化数据库。组织专家对民俗文化活动存续状况进行田野调查，归纳分析民俗类非遗项目面临的问题、挑战及发展趋势，开展相关民俗文化调研和学术研讨活动，找准民俗文化的发展路径和方向，制定合理的保护、传承和可持续发展措施。

第二，完善传承机制，推动保护利用的科学化、制度化。推动建立健全政府主导、行政主管部门具体实施、有关部门密切配合、全社会共同参与的民俗文化保护的工作格局。进一步加强与相关政府部门、高校、研究院所的沟通协作，整合人、财、物资源，形成民俗文化保护传承的合力；积极引导和扶持民俗文化进入市场，发掘民俗文化市场潜力，合理引入和利用社会资本，增强自身可持续发展能力。加大民俗传承队伍培训力度，编辑民俗文化的中小学生选修乡土教材，增加优秀民俗文化课程内容，广泛开展优秀传统民俗文化教育普及活动，加强优秀民俗文化教学研究示范基地建设。继续支持各地开展传统师带徒、家族传承与现代职业化教育相结合的培训模式，继续对所有省级以上非遗项目代表性传承人实行传承补助。出台相关扶持政策，对在生活和工作上有困难的传承人给予关心和帮助，为其开展传习活动提供必要的场所。培养一批民俗文化的传承者、

接班人，建立民俗文化人才库。采取助学、奖学的方式，积极引导青年人参与民俗文化传承保护工作，培养更多后继人才。

第三，加强引导调控，推动民俗活动合理化、规范化。继续支持和鼓励各地结合本地区实际，开展富有特色、民众喜爱的民俗节庆活动，加强对民俗文化活动的正确引导、宏观调控和监督管理。一方面，通过对各地民俗文化项目的建档调研，进行信息采集，协调当地政府和文旅部门尽快对列入省级以上的民俗类非遗项目制订切实可行的中长期保护规划；另一方面，鼓励和支持民俗特色鲜明的传统村落和历史文化名镇名村，合理修缮改造原始街区、道路和建筑外貌，提高村民生活条件和生活质量，让当地民众通过参与民俗活动，正视身边的文化遗产，凝聚当地民众对传统文化的情感认同，留住原住村民，恢复整体民俗文化空间，使民俗文化保持"活色生香"的物质空间和生存土壤。

第四，聚焦文旅融合，推动民俗项目质量化、品牌化。民俗文化活动及附着其上的传统工艺美术衍生品对于旅游线路和产品而言有着天然的吸引力和亲和力，为地方旅游产品和线路增添了深厚的人文内涵。要积极探索民俗文化与非遗特色街区、乡村旅游重点村、全域旅游示范区与旅游景区景点有效衔接的传承新模式，积极顺应文旅融合发展的大趋势，搭建更多的展示展演平台，推动民俗文化与现实生活的深度融合，加强对相关非遗项目的深度挖掘和全方位利用，以新理念引领新发展，以新举措推动新提升，以新常态催生新业态，联合有关部门打造一批有影响、接地气、受欢迎的民俗活动品牌，提升民俗传承的生命力。

第五，借力新兴媒体，推动民俗传播形象化、活态化。进一步对接"互联网+"，加强江苏省非物质文化遗产网的系统建设，活化特色民俗文化资源，创新传播形式，丰富传播话题，引领公众参与，让极具地方特色的各类民俗活动成为大家共同关注的热点、媒体采访报道的焦点、弘扬传统文化的亮点。联合一批网络媒体，与中国江苏网等媒体合作，定期推出"精彩非遗"栏目，推进民俗活动网络直播、非遗微课堂活动的深入开展。对江苏省非物质遗产网进行升级改造，组织各地积极组稿投稿，用好平台。❖

羌族草编产品研发与产业化研究

黄言涛

摘　要：本文以羌族草编手工艺产品为主线，简述羌族草编的创新现状，探索材料的创新应用途径，以实现草编产品质感与肌理的创新应用，达到美观与实用的有机融合。根据设计研发案例，分析羌族草编产品在进行创新研发时可能遇到的瓶颈，提出相应的解决方案。羌族草编的产业化发展，离不开相对稳定的创新研发团队和新材料、新技术、新工艺的介入。通过政策支持和平台交流，研究羌族草编创新发展的新模式，融入传统技艺与科学技术融合的新理念，打造具有羌族草编特色的新产品、新品牌，达到传统文化与现代需求相结合的新局面。

关键字：羌族草编；创新研发；产业化

创新对非遗项目来说，百利而无一害。产品样式单一、传承人的过度保护、市场需求减少等问题，已经成为非遗项目发展的拦路虎。甚至有一些非遗项目，因技艺传承后继无人而消亡。在不改变非遗项目性质的基础上进行适当的创新，既不会使非遗及其产物失去其原本的意义，又能满足消费者需求。只有更多的人喜欢非遗产品，才能将非遗项目发扬光大，从而推动非遗的不断传承与发展。传承的是非遗特色，发展的是人才队伍。

一、羌族草编技艺与产品的发展现状

早在大禹治水时，羌族草编就已经出现在人们的日常生活中。随着塑料制品的大量出现和机械加工技术的发展，作为传统手工艺的羌族草编技艺逐渐消失。特别是突如其来的"512"大地震，给处于困境中的羌族草编带来毁灭性的打击。地震破坏了草编原材料的生长环境，原有的草编工具皆被掩埋，也有很多技艺传承人在地震中不幸遇难。为了挽救最具羌族文化特色的草编技艺，政府出台了抢救措施，社会人士积极响应并参与了羌族草编的保护与发展工作，黄强就是代表人物之一。

羌族传统草编技艺传承人黄强，自幼跟随父辈学习草编技艺，慢慢地掌握了草编材料的选择、处理以及编织技术，首创了分步流水编织技术，大大提高了编织效率。黄强在原有的羌族草编技艺基础上，对原材料的处理及编织方法进行优化和改进，开发出许多草编新产品，解决了羌族草编成品保存的问题。在此期间，黄强建立了羌族草编传承培训基地，为羌族草编的发展储备了大量的优秀人才，还积极主动参加国内外各种展览比赛，将草编产品推向世界，取得了较为优异的成绩。有了人才储备和宣传推广，羌族草编才得以持续传承与发展，并获得政府支持与帮扶。

在这个潮流更替迅速的时代，中国传统草编制品并没有很好地与现代环境融合，其发展现状堪忧。我们需要更深入地研究中国传统草编工艺，提出中国传统草编工艺在当代时尚设计中的创新路径。[1]羌族草编更是如此，羌族草编传承发展至今，虽然进行了一些技艺创新，但其力度还不足以支撑羌族草编在众多生活消费品中站稳脚跟。较为经典的羌族草编作品基本都属于"大制作"，不在普通消费者的购买能力范围之内；能够走进普通人生活中的大部分都是"小动物"，例如草编的蜜蜂、螳螂、蛇等。这些草编产品民族特色突出，观赏性强，但实用性不足，难以符合大众的消费需求。只有这些问题得到解决，才能形成"研发—制作—营销"的完整产业链。

作者简介：黄言涛，四川文化艺术学院产品设计专业副教授，中国民间文艺家协会中国非物质文化遗产研究院客座研究员。

二、羌族草编的创新发展思路探讨

巧妙运用现有羌族草编产品是提升价值的途径之一。草编产品的多样化主要源于编织技法、色彩搭配、材料选择、外形设计等方面，因此对羌族草编进行创新发展可以从以下几个方面考虑。

1. 现有草编产品的巧妙运用

据了解，草编技艺距今已有长达七千年的历史，在中国广泛分布。过去人们大多就地取材，利用当地草编材料编制生活用品，例如草帽、草席、草扇等。随着经济与社会文化的发展，草编技艺也在不断推陈出新，现代草编产品不仅要考虑实用性，其观赏性也是不容忽视的因素，甚至出现许多主要为满足大众精神需求的艺术摆件。

草编产品的单独制品相比其他手工艺品，其价值更加难以体现，需要与其他艺术形式进行融合，提升艺术价值和实用价值。比如通过草编小动物与植物、山水、场景结合在一起的方式，将单独产品转化成装饰品摆件（见图1），这样做可以增加草编产品的美观性，使其栩栩如生，更具趣味性。再比如进行羌族草编元素特征提取，通过绘画手法呈现出整体效果，对草编产品进行点缀，形成特色草编绘画装饰品。如图2是以绘画手法呈现的整体效果，还未进行草编产品的点缀。这些都是羌族草编在产品制作方面的应用，别出心裁的设计，为草编产品的创新应用和价值提升提供了新思路。

设计说明：以植物和动物为元素，以自然界中的山川河流作点缀，以草编的技艺进行制作，最后以装饰画的形式呈现

图1　羌族草编与绘画相结合的装饰摆件（实物）

设计说明：以大海为元素，以祥云图案的形式进行表达，充分带动画面，然后以草编的技艺进行制作，最后以装饰画的形式呈现

设计说明：以植物和动物为元素，又以大海进行点缀丰富，带动画面，以祥云图案进行烘托，增强画面美感，突出蕴意，然后以草编的技艺进行制作，最后以装饰画的形式呈现

图2　羌族草编与绘画相结合的装饰摆件（效果）

2. 对羌族草编编织技法和色彩搭配进行创新研究

草编具有编、结、辫、扣、扎、绞、缠、网、串、盘等丰富的编织技法，虽然主要的手法相同，但是在编的过程中，每一步的转换完全不同。例如草编蜻蜓，第一步，准备两片一长一短且形似蜻蜓翅膀的叶子；第二步，进行草编工作，何时将"短翅膀""长翅膀"分别加入草编蜻蜓的编制中，需要对其进行思路考究。只有确定了合适的编制顺序，才能将草编蜻蜓合理呈现，以满足大众的审美需求。

以前的草编大多以实用为主，现今的草编样式繁多，大多以观赏为主。草编产品还存在更新换代较慢、用料单一、色彩搭配难以符合大众消费需求，以及与现代科技融合程度不高等问题。

因此，在研发新产品时，需要考虑大众消费需求和审美意识，兼顾实用性，从材料、质感、色彩、形态等方面进行草编产品综合研究与设计研发。在新产品开发的同时，新技法研究至关重要。每一件新产品的成功制作，都离不开编织技法的创新。

3. 对羌族草编材料进行创新运用，以达到肌理创新

羌族草编的主要制作原材料是棕榈叶，棕榈叶作为原材料有三个缺点。第一，棕榈叶多有皱褶或裂纹，能够用作草编原材料的叶子需要精挑细选，选材成本高，制作时间长。第二，采用新鲜棕榈叶制作的草编产品，色泽鲜亮，但保存时间短。经过加工的棕榈叶可以长时间保存，但呈枯黄色，色泽难以掌控，无法达到鲜亮色泽与长时间保存的完善统一。第三，棕榈叶始终是树叶，其柔软度和触感改善困难，棕榈树叶做出来的草编制品始终是比较粗糙的，无论是从视觉上还是从触觉上都难以提升档次，达到高品质产品要求。

由此可见，只有对羌族草编原材料进行创新，才能做出高档次的产品肌理效果，以达到美观与实用并存的目的。譬如古人采用麻布制衣，后来有了棉布、绸缎等舒适的布匹，麻布就逐渐被替代，这就是材料优胜劣汰的生存规则。在设计时要以人为本，注重人文关怀，对传统手工艺的形式和内涵、形式和技艺、形式和功能进行再创造，吸引消费者的目光。[2]羌

族草编材料的创新运用方法有以下四种。

一是对原材料的直接替换。利用传统毛线、环保线材、藤、麻、皮条、布条等原材料进行编织，根据材料的不同性质，选取最适合的草编编织技法，设计和制作具有草编肌理效果的系列衍生品。其丰富多彩的肌理效果，让浓郁的民族特色更加生活化、时代化、时尚化，体现对传统元素的创新应用途径。

二是对原有羌族草编的肌理提取，将提取出来的元素运用在产品设计中。打破传统草编实用性的局限，将草编特征元素提炼成装饰图案，来研发草编肌理衍生品。用现代设计手段保留草编产品肌理的创新，不仅让民族元素焕然一新，还让日用产品具有文化内涵。草编肌理的提炼与运用在提升产品内涵的同时，体现了产品的使用价值，例如书籍装帧、明信片、茶杯、烟灰缸、花瓶等。

三是羌族草编肌理与羌绣图案的有机融合。同一民族的不同文化元素相融合，更能体现产品的文化元素特色。在提炼羌族草编元素的基础上，运用羌绣图案组合规律进行编排，在产品纹样装饰中呈现出羌族草编肌理与羌绣图案特征有机融合的效果，将创作的图案运用到产品设计中，赋予产品实用性和区域文化特色，这既体现了民族文化内涵，又达到了装饰效果，是文化融入生活的有效途径之一。

四是草编技艺与其他技艺相结合。以羌族草编为主体，其他技艺作为点缀，即在同一产品上，体现多种技艺。其他技艺的引入自然就

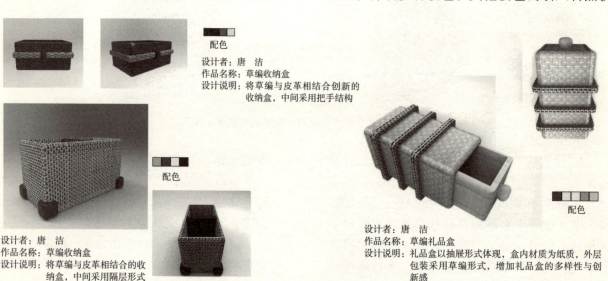

配色
设计者：唐 洁
作品名称：草编收纳盒
设计说明：将草编与皮革相结合创新的收纳盒，中间采用把手结构

配色
设计者：唐 洁
作品名称：草编收纳盒
设计说明：将草编与皮革相结合的收纳盒，中间采用隔层形式

配色
设计者：唐 洁
作品名称：草编礼品盒
设计说明：礼品盒以抽屉形式体现，盒内材质为纸质，外层包装采用草编形式，增加礼品盒的多样性与创新感

图3 羌族草编与其他材料相结合的产品设计

作品名称：草编杯套

配色　设计者：唐　洁
作品名称：草帽收纳盒
设计说明：收纳盒呈圆柱形，盖子仿草帽形状，盖子和盒底运用草编，其他部分采用布艺材质

作品名称：便利的杯套造型
设计说明：利用草编技法编织杯套的要点如下：
（1）能够保护杯子（隔热）；（2）不影响杯子的放置；
（3）造型时尚；（4）便于保存携带

配色　设计者：唐　洁
作品名称：草编收纳盒
设计说明：收纳盒为草编形式，中间采用可移动隔层设计

图4　羌族草编与其他材料相结合的产品设计

要有相对应的材料匹配。草编与其他材料的搭配组合，不仅增强了产品的强度和韧度，还能形成丰富的材料质感和组合效果，提升产品视觉吸引力，吸引消费者眼球，刺激潜在消费变成真正消费。图3和图4中所展示的设计效果就是草编与皮革、纸、布等相关技艺的融合，形成材料质感差异，具备实用功能。

4. 羌族草编的全面创新

羌族草编的全面创新分为两个层面，一是产品设计研发创新，二是品牌营销创新。

在产品设计研发创新层面，对传统羌族草编来说，产品制作方面已经有了很大程度的创新发展，但产品美观与细节方面还需要更进一步的处理。同众所周知的草鞋发展过程一样，从刚开始的制作简单、使用寿命短，到后面发展成手工精制且耐穿保暖的茅靴，选材、设计、工艺等方面都进行了巨大的调整。对当今草编产品进行创新，需要挑选适合草编产品制作的材料，在满足大众审美需求的基础上，对形状设计、外在装饰、色彩搭配等方面进行深入研究，设计制作出具有实用性和观赏性的高价值产品。

在品牌营销创新层面，可以把羌族草编非遗项目视作一个"企业"。企业的设计部门负责设计研发，生产部门负责产品生产，营销部门负责产品推广。没有高效率的品牌营销推广，再好的新创意、新产品也难以迅速进入大众视野，抢占市场。设计的创新是传承草编技艺和

草编特色，发展运用途径和材料技法；品牌营销的创新是品牌形象推广创新与销售方式创新，策划符合各层次消费者的产品销售模式，让大众多角度、多途径了解和认识羌族草编，多平台购买产品。现场体验与网络购物结合，虚拟现实与实体展馆搭配，数字模块与个性组合订制等，通过线上线下体验销售渠道、量化产品与个性产品的融合，打造羌族草编产品品牌营销体系，开拓更为广阔的市场。

羌族草编产品品牌营销体系的确立，离不开合理的管理制度和对应的管理部门共同协调策划、设计、制作、生产、包装、营销、推广、销售等各个环节，合力传承与发展羌族草编技艺，推广与发扬羌族草编文化。

三、羌族草编产品创新研发中存在的问题与对策

在现代科技飞速发展的时代背景下，传统手工业大多被机器制作替代。现代人对精细的手工缺少耐心，而坚持传承发展草编技艺的人往往多受传统思维的束缚，这对草编产品的创新发展带来巨大的阻碍。面临这些挑战，只有根据草编的发展现状，寻找相应的解决方法，才能快速突破创新瓶颈，更好地促进羌族草编创新发展。

1. 创新团队的组建与培养

羌族草编产品创新研发的一个重要基础就

是人才，只有组建起一个羌族草编创新"智囊团"，才能够为后面的产品创新提供力量储备。羌族草编作为民间手工技艺，手艺人就是其存在的最好展示形式，而手艺人的想法直接决定了羌族草编产品的形态及质量。大部分羌族草编手艺人自幼受到父辈的技艺及思维的传承，认为草编产品就应该是由传统制作工序得来，不能改变其原材料和工艺。但是为了顺应时代的发展，也为了让羌族草编更好地传承发展，改变传承手艺人的观念是首要的。转变传统手艺人的想法不宜操之过急，需要从零开始，逐步转变，可以先让他们了解其他非遗项目创新的成功案例，借鉴到羌族草编上。在进行创新时，从细节做起，慢慢扩大创新范围，让他们能够适应创新的过程，突破固有思维，更加有利于羌族草编的创新。

传承与发展传统手工技艺是每个现代人的责任，研发创新草编新产品仅仅靠传统手艺人的努力是远远不够的，因此有必要组建羌族草编创新团队。创新团队的组建不局限于羌族草编行业内部，要从社会各个层面进行人才的筛选，选择具有新颖草编设计想法的创造性思维人才。在挑选羌族草编行业内部人员时，要注意其思维是否长期受到传统草编思想的禁锢，要看其是否具有打破行业壁垒的创新性能力。在挑选羌族草编行业外部人员时，要注重其对羌族草编的理解力及喜好程度，此举意在集结具有草编爱好的人，集思广益寻找草编发展新方法，共同进行草编创新。在创新团队的组建方面，高校可以作为主要的人才挑选基地，绵阳大部分高校都设有草编选修课程。在众多学子中不乏喜爱羌族草编的人，甚至还有一部分学生群体，围绕草编创作产品进行销售，将创作羌族草编作为自己以后的就业发展方向，这为创新团队的人才储备提供了有利条件。

挑选人才组建创新团队，首先，需要进行一段时期的技能培训。在对羌族草编的生产制作、理念表达等有一个深入的了解与剖析之后，才能投入羌族草编的创新设计中，才能更好更快地设计出新产品。羌族草编的创新团队具有一定的可替换性，并不是固定不变的。不定期对创新团队进行考核，吸纳有兴趣的新成员，淘汰不适应的老成员。根据项目需要组建的新团队，要高效快速适应项目研发需要。

其次，要注重与高校之间的合作，为创新团队不断注入新鲜血液。将羌族草编技艺引入高校课堂，让学生学习与亲身体验传统文化技法，使传统技艺与学生的潮流思维相碰撞，产生火花，这有利于羌族草编的传承与发展。

2. 重组羌族草编，提升品牌形象

品牌承载的是人们对其产品以及服务的认可，是给拥有者带来溢价、产生增值的一种无形资产。树立自有品牌、建立产业标杆、拥有行业话语权，是确保品牌可持续发展的三项重要内容。一直以来，消费者对于羌族草编产品的印象都停留在"非物质文化遗产"几个字眼上，很少有人愿意真正去了解草编技艺背后的文化，甚至有一些消费者根本不认识草编，更不会去了解草编文化及其发展背景，认为草编就是"古老的玩意儿"。究其原因，一是羌族草编没有自己的品牌，二是有品牌但没有品牌营销体系。羌族草编产品形象的提升在于品牌的确立与营销体系的完善，品牌打造是进行文化包装和产品营销的有效途径。

羌族草编产品主要的卖点是手工制作。在机器大生产的时代，手工技艺显得尤为独特。草编行业更要坚持手工制作，虽耗时耗力，但产品代入感与机器生产大不相同。需要注意的是，手工制作不代表不需要机器，要在机器生产和手工制作之间寻求一个合理的平衡点。

羌族草编平台建设和产品口碑是品牌形象建设的重点之一。在北川羌族自治县残联指导下，北川羌族自治县残疾人文化创意产业基地成立。此举不仅带动了城市经济的发展，同时还在大众心中树立了良好的企业形象。在解决了当地残疾人就业的同时，组建了大量的生产团队，体现了羌族草编企业的高度社会责任感。

品牌形象系统的确立不仅是产品部分，还包括技术和服务层面。作为非遗的羌族草编，更要注意草编技艺的传承问题。通过材料包、编织流程图、编织过程视频的材料输出和技术推广，让大家参与羌族草编编织的过程，体验传统技法的魅力，提升羌族草编粉丝量。设立专门的技术指导服务平台，通过自媒体直播对粉丝们进行草编产品编织过程的讲解和示范，对粉丝在体验过程中存在的问题进行解答与指导。

羌族草编作为绵阳市非遗代表之一，亦是绵

阳区域文化元素的代表之一，其产品设计需要体现绵阳区域文化特色，特别是羌族文化特色，打造成为绵阳市地方名片。借助本土行业机构、学术研究平台、高校研究团队，通过行业、产业、学术相结合，研究羌族草编品牌建设、产业发展方案，助推项目落地与转化，促使羌族草编多元化发展，提升羌族草编文化价值。

3. 羌族草编与新材料、新技术、新工艺的融合

随着科技的不断发展，作为手工技艺的羌族草编也需要现代化，原材料选取与粗加工可以率先实现生产线流水化，一些不适合手工制作的匹配材料亦可以采取机械化操作。例如在水晶、木头（见图5、图6）等材料上呈现提取出来的羌族草编技艺元素，可用雕刻、镶嵌、转印等装饰手法，生产具有羌族草编特征的高端产品。除此之外，在陶瓷、塑料、橡胶、玻璃等产品中，与羌族草编产品相结合，或者体现羌族草编产品特征，有利于草编产品的多元化发展。

新技术的使用需要新技术人员的加入或者对现有人员进行技术培训。无论是新技术人员还是需要进行技术培训的现有人员，都需要与羌族草编非遗传承人和手工艺人进行不断磨合。在相互磨合过程中，实现机器制作与手工制作的有机统一。

设计者：王志彬
作品名称：草编生肖吊牌
设计说明：十二生肖采用草编的编制手法呈现，吊牌反面镂空，采用羌族的纹样进行装饰

设计者：王志彬
作品名称：草编生肖吊牌
设计说明：十二生肖采用草编的编制手法呈现，吊牌背面以羌族的碉楼图案进行装饰，用于祈福

图 5　羌族草编与其他工艺相结合的产品设计

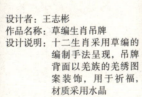

设计者：王志彬
作品名称：草编生肖吊牌
设计说明：十二生肖采用草编的编制手法呈现，吊牌背面以羌族的羌绣图案装饰，用于祈福，材质采用水晶

设计者：王志彬
作品名称：草编生肖吊牌
设计说明：十二生肖采用草编的编制手法呈现，吊牌反面镂空，采用羌族的纹样装饰

图 6　羌族草编与其他工艺相结合的产品设计

4. 构建新时代羌族草编产业体系

一人单独制作、小作坊模式的羌族草编生产模式产量低，产品质量因人而异，不符合草编产品量化生产和新产品研发需要。新形势下的羌族草编生产需要产业化，从选材到制作需要分步骤分工完成，即一件产品由多人共同合力完成。例如，一顶帽子，由专门团队选材、备料，帽顶、帽檐分别由对应的团队来负责编制，装饰与细节修补、成品组装由一个团队来完成，形成产品生产流水线。根据成员的特长和优势选择所从事的工作种类，定期轮换，避免疲劳感，构建羌族草编产业体系。

四、羌族草编产品产业化实施的设想

羌族草编产品产业化实施需要组建创新团队，开发新产品，研究新技术，树立品牌意识。首先，需要有相对固定的创新研发团队，设立"传帮带"制度，保持创新人才队伍相对不变，定期微调，确保团队最佳效率；其次，需要开发新产品，研究新技术，为产品开发提供创新思维和技术支持，为市场不断注入新产品，激发消费潜能；再次，创设品牌，构建品牌特色的营销体系，取得政府层面的政策支持与资金扶持，确保羌族草编产品产业化实施有序展开。

1. 形成相对固定的创新研发团队

羌族草编产品的创新研发团队相当于人的大脑，是羌族草编创新的命脉所在。处于如此重要地位的创新研发团队需要统筹管理，尤其是创新研发团队的组成人员，要相对固定，不定期微调。新成员加入需要适应，安排具有经验的成员带新成员融入团队，以"传帮带"形式确保团队效率不减。

创新研发团队实行项目分工、团队合作、定期轮换，设立奖惩等工作制度。根据创新研发过程，将团队分为策划组、设计组、样品组等，在规定期限内对每组完成的情况进行量化比较，按照量化分进行奖惩；或者一个小团队参与整个创新研发过程，根据最终成果和成员参与权重进行量化，按照量化分进行奖惩。

在创新研发期间，举办交流沙龙和项目比赛，促进团队交流和激发潜能，相互学习，相互促进。

2. 基于现有条件下的新产品、新技术培训

新产品方案的落地需要技术支撑，才能从方案变成样品，进而从样品批量成产品。这就需要手工艺人和技术人员根据新产品方案研究技术匹配与改进问题，研究材料选择与性能完善问题，对他们来讲，这也是一种挑战。参与新产品样品制作的手工艺人和技术人员需要将研究好的材料搭配与技术方法进行分解，多次尝试，形成培训方案，传授给制作者，进而投入批量生产。

这种以少部分人参与新产品制作过程和培训方案分解，培训参与量化生产人员的"以一带多"新产品样品制作与培训方法，对手工业来说，节约了新产品研发成本，缩短了批量培训时间，提供了制作者之间互相学习的机会，有利于新产品的快速落地与量化生产。在新技术推广方面，采用同样方式，循序渐进培训量化生产人员，大大降低了培训成本。

3. 政府助推新产品品牌建设与营销推广

由于羌族草编属于非遗项目，是一个地方、一个民族历史文化的见证，需要政府部门与政策的大力支持。现有的政策法规对羌族草编的扶持大多只是停留在羌族草编的保护层面，没有达到主动以政策带领羌族草编进行创新研发的高度。因此，政府需要改变职能，为羌族草编提供创新研发政策和资金支持；树立草编地方品牌形象，发动群众，共同参与羌族草编创新项目，促进羌族草编的创新发展。政府为羌族草编企业创造的良好发展环境，是草编企业研发创新产品坚实的后盾。接下来就需要企业配合地方政府，共同发力，结合当地文化背景和羌族草编的制作工艺，形成具有当地文化特色的草编品牌。通过品牌效应，把羌族草编创意产品推向世界。在羌族草编产品营销推广的同时，弘扬传统文化，树立民族自信。

结　语

羌族草编产品研发与产业化研究，可以说是支撑羌族草编行业稳步发展的奠基石。以羌族草编产品为依托，以创新研究为根本途径，以产业化发展为最终目的，推动羌族草编不断创新发展。羌族草编产业化的建立，离不开政府政策的支持与草编传承人的共同努力，只有在相关部门的鼓励与支持下，在羌族草编传承人的积极配合下，羌族草编的产品创新与产业化建设才能逐渐实现。文化内涵是品牌蕴含的价值与情感，文化内涵也包含品牌所凝练的审美情趣、生活态度、个性品牌与情感诉求等。[3]羌族草编的后续发展必须坚持建立属于自己的品牌，不断增加羌族草编产品自身的文化内涵，提升产品价值，使羌族草编成为绵阳市的文化名片，乃至中国特色的文化名片。◈

参考文献：

[1] 郑媚媚，章海虹. 探讨中国传统草编工艺的传承与发展 [J]. 大众文艺，2019(16): 135—136.

[2] 陈聪. 浅析中国传统手工艺在文化创意产品中的"再设计"[J]. 大众文艺，2018(24): 67.

[3] 罗才胜. 特色农产品品牌设计研究——以小罐茶品牌为例 [J]. 邢台学院学报，2020(1): 157—160.

灶头画与乡村振兴

——以海盐县通元镇为案例

沈全根　胡永良

摘　要：主要流传在江南一带的灶头画，因人类日常生活中不可或缺的灶头而产生，又因人们的灶神信仰和祈吉纳福、审美等观念而使其内涵逐渐丰富多彩。灶头画是一种以民俗生活为基础，与民俗生活相结合而产生的独具风格的民间美术，它具有极其深厚的地域文化内涵，具有诸多文化价值，尤以民俗文化价值最为显著。当前，灶头画这一国家级非遗项目，亦与不少非遗项目一样面临濒危困境。作为灶头画发掘、保护发端之地的通元镇，在乡村振兴战略大背景下为灶头画和其他非遗项目的可持续传承发展提供了一个很好的可资参考的案例。

关键词：通元镇；灶头画；流变；文化价值；乡村振兴

民间灶头画（又称"灶壁画""灶花"等），是主要产生并流传于江南（以江浙沪为主）民间的、最为草根的、最具地域特色的传统风俗画。灶头画是民间艺术的结晶，有悠久的历史与自然人文环境的积淀。它与人们的日常生活息息相关，是最能反映民俗意蕴和民俗审美情趣的立体与平面造型相结合的民间工艺美术瑰宝。所谓"灶头画"，是指绘于灶头相关部位壁面上的、由多幅图画、文字、纹样勾联组成的整幅图案的统称。2011年，嘉兴灶头画艺术凭借其独具的艺术特色和文化价值，被列入第三批国家非遗代表作名录。嘉兴市辖的海盐县通元镇，既是抢救、研究这一瑰宝的发端之地，又是唯一集聚省、市、县级4名灶头画传承人的乡镇，还是保护、传承、弘扬这一"国遗"成效最为显著的重要乡镇之一。因此，我们将通元镇作为一个典型案例，以期在大力传承、弘扬优秀民俗文化的同时，充分发挥其在乡村振兴中应有的作用。

一、灶头画的流变

毋庸多言，如果没有灶头，也就不会产生灶头画，所以灶头是灶头画不可或缺的载体。

1. 灶头画溯源

俗话说："民以食为天，食以饮为先，饮以灶为载。家以灶为户，有户必有灶。"灶是家庭的象征，"灶户"曾是旧时统计户籍的别称：一座灶头即代表一户人家。俗话说家庭"香火"不能断，这"火"就是指灶里的火，后来才引申为子嗣之义，故而无灶即谓"无香火"传承。

灶头画因灶而生，其究竟源于何时？目前尚无定论。

首先，可以从作为灶头画载体的灶头上追根溯源。据考古资料表明，新石器时代早期的灶，是不可移动的篝火式的坑灶（或称地灶），根本不具有绘制灶头画的空间。新石器中后期，始有可移动的高台形的单体或联体灶头，并传承至汉代。在嘉兴市桐乡市、海盐县、海宁市，先后分别从汉代古墓中出土了陪葬的一眼、二眼、三眼的陶灶和青瓷灶、青铜灶（见图1），说明在汉代时已普遍使用可移动的高台形灶头了，也初步具备了绘画的空间。而同时期秦砖汉瓦的发明，又使人创造出用砖头垒砌成日常生活中使用的不可移动的地面高台灶，遂使承载灶头画的空间有所增加。随着社会的发展、

作者简介：沈全根，浙江省海盐县武原街道文化站站长，副研究馆员。
　　　　　　胡永良，浙江省海盐县政协文史研究员，副研究馆员。

生活水平的提高，灶头越砌越精美，其绘画的空间亦越来越大，所绘的画亦更加丰富多彩了。

图1　汉代青瓷三眼灶

其次，也可从灶头画图案方面对其源头一探究竟。俗话说："有灶必有画，有画必有意，有意必吉祥。"传统的灶头画与民间信仰及与之衍化的吉祥图案具有密切的渊源关系。一是与灶神信仰密切相关。自汉代灶王爷成为家庭保护神之后，民间每户人家便有了名目繁多的祭祀灶神的习俗，同时亦相应产生了手绘或木刻的灶神图像（俗称马幛），以及与之相关联的福、禄、寿、喜等神像画。二是与吉祥图案密切相关。据美术、民俗等学界目前较为普遍的观点，最早的吉祥图案（包括文字纹样等）出现于汉代，唐代后广泛流行，明清两代则是高峰期。当地民间俗信认为：灶神常年居位在灶头上（灶上有专供灶神的一座亭子，名为"司命堂"或"定福宫"等），把其居所装饰得五彩缤纷、富丽堂皇，可以取悦灶神，以期实现丰衣足食、人丁兴旺、幸福长寿等美好愿望。

再次，也可以从灶头画艺人传承谱系方面探索。灶头画艺术的传承，一般以家传或师传为主，但也有少数无师自通的（俗称"偷来拳头"）。据目前调查所知，今居通元镇长山河村的赵祥松师傅（1944年2月生），既是省级灶头画传承人，也是家传历史最久的灶头画传艺人（从12岁开始随父学艺），系第八代灶头画传人。据此，若按民俗学界"系谱推定法"之"以二十五年为一代"推算的话，其历史也有两百多年了。

综上所述，似乎可以得出结论：灶头画当源于上古时代神灵信仰，产生于汉代，发展于唐宋，广泛流行、盛行于明清至20世纪90年代前。

2. 灶头画流传区域

从现有文献资料和调查得知，灶头画的主要流传区域在苏浙沪一带，但其艺术特色和名称则各有差异，而其中尤以嘉兴灶头画最为知名，故能成为目前唯一的国家级非遗代表。

3. 灶头画的演变

每个时代都有各自的文化印记，其中即包括风俗和艺术印记等。探索灶头画演变的难度较大。一是因为灶头画是产生于民俗生活中的草根艺术，属"下里巴人"，难入精英文人的"法眼"，因而没有载入地方典籍文献的资格。二是因灶头及灶画极易污损，须频繁更新（一般不超过二三十年），故而至今未曾发现清末民国之前的灶头画遗物、遗迹及相关历史文献资料。

笔者历经近40年的竭力寻访，仅从个别文献资料和部分灶头画老艺人的口述中略知一些演变概貌。

其一，清光绪年间，上海曾出版过多期《点石斋画报》（出版时间为1884年5月—1898年8月），其中刊载了多幅与灶头及灶头画有关的手绘连环画。图中的灶头与现今雷同，那座司命堂也很精致清晰（见图2）。但其灶头画则或模糊不清，或留下空白。

图2　《点石斋画报》上的灶头

其二，据许多灶头画老艺人口述，尤其是赵祥松父亲赵马法（1910年生，第七代灶头画传人）老人说，他14岁跟随父亲和堂哥学这门手艺时，灶头画流行图案已经有很多种了，如

48

"年年有余（鱼）""松鹤延年""三国故事""文武财神""乌龙喷水""牡丹""桃子""梅兰竹菊"等人物、动物、花卉的吉祥图案。中华人民共和国成立后，图案的变化较多，如初期保留了"年年有余（鱼）""松鹤延年""乌龙喷水"等部分传统吉祥图案，增添"毛主席万岁""饮水思源"等内容的图案；人民公社时，传统的少见，增加了"三面红旗""卫星上天""人民公社是金桥"等图案；"文革"时，传统的仅有"年年有余（鱼）"，其他没见，出现了"毛主席去安源""韶山红日""三忠于"等图案；改革开放至今，传统灶头画浴火重生，又新添了"一帆风顺"及山水风景画等，但渐以专门制作的具有吉祥图案等的釉画瓷砖镶贴于灶上为主，手绘灶画面临消亡的境地。赵马法还说，听前辈师傅讲过，最早灶头画还很简单，一般是黑白两色，就是在粉刷好的白壁上先用镀煤灰（炭灰）或墨汁涂黑，然后用削制的竹签笔刻画出几幅图画及线条形文饰，类似刻图，框边亦如此刻画；后来渐以白壁为底色，先后改用毛笔和各色植物液汁、墨汁绘彩色画；到他们这代开始用市售的珠粉、三花粉、水彩等颜料作画。

总而言之，灶头画图案的题材内容、颜色原料、承载材质等，都是顺应各个历史时期流行的社会风俗习惯而传承发展的。

二、灶头画的民俗文化价值

灶头画是一种以民俗生活为基础，与民俗生活相结合而产生的民间美术样式。从广义上来说，灶头画当属民间"风俗画"一类。当然，与其他民间美术一样，灶头画亦含有极其丰富深厚的地域文化内涵，具有民俗、艺术、教育、实用等诸多文化价值和现实意义。灶头画的民俗文化价值体现在如下方面。

1. 灶头画是灶俗文化的重要组成部分

灶头画有别于其他民间美术的关键所在，即灶头画的载体是人类日常生活和民居中皆具有特殊地位的"灶头"，这一特殊的物质载体，赋予了灶头画特有的文化价值：仅在江南苏浙沪部分地区有这种特殊的灶俗文化。但即使在这一地区，也因"十里不同风，百里不同俗"，存在灶头工艺、灶头画民俗内涵和艺术风格的不同特色。如苏沪地区的灶头和灶头画造型一般较简

单，而嘉兴地区（含海盐通元镇）的灶头造型则精巧美观，再加上五彩斑斓内涵丰富的灶头画，宛如一只花篮，故有"花篮灶"之俗称。深入开展灶头画的研究，可以丰富或填补"灶俗文化"和"风俗画"方面的空白。

2. 灶头画是灶神信仰的重要表现形态

自古以来，上至王公贵族，下至平民百姓，都存在各种神灵信仰，以及祈求祛禳辟邪、祈福纳吉的民俗心理愿望。调查中发现，尽管灶头的造型和各式图画的造型、组合、绘画技法可以不尽相同，但人们一定会尽心尽力地把灶神的居所灶头装饰得绚丽多彩，期望能够获取灶神的欢心，得到这位家庭监察神、保护神"上天言好事，回宫降吉祥（或下界保平安）"的保佑和赐福的回报。即使现今有的灶头上不再构筑"司命堂"（定福宫）灶神龛和手工绘制灶头画，也依然要在相关部位镶贴上市售的机制灶神像、各式吉祥图案的釉面砖。究其原因，除了美化厨房环境作用外，主要是灶神信仰和祈福纳吉的风俗习惯仍然普遍存在（见图3）。

图3 腊月廿四祭灶神

3. 灶头画是传统民俗审美观念的完美体现

在民间，尤其是在乡村民间，非常崇尚"完美"的传统审美观念，而这一观念在灶头画中得到淋漓尽致的体现。

灶头画是传统民俗审美观念的完美体现，表现在以下方面。一是在单幅图画中，其造型凸显主题形态。如人物或动物画，一般都要画出全身、肢体等部位，尽量保证形象的完整且充满画

面的全部或大部分空间。二是在多幅灶头画构图上，讲究整体形象的组合造型。如将众多单幅图案分别用边框或纹样勾勒，然后再将它们有机、巧妙地组合在一起，使整座灶头的壁面空间错落有致地布满各种主题形象的画面，从而既达到集中、饱满的视觉效果，又增强了完美的心理审美情感。三是在色彩上讲究对比强烈、绚丽多彩。灶头画多以民间俗信的红、黄、蓝（青）三种吉利色（三原色）构图、绘画为主，另加黑白两色点缀，大红大绿、五颜六色，这种程式化的艺术表现，既达到了色彩斑斓、鲜艳夺目的视觉审美效果，又顺应了热闹、喜庆、红火、好看的民俗心理审美意愿。四是在整体造型上讲究平面与立体的有机融合。在立体造型精美的灶头的平面灶壁上绘着五彩缤纷的众多各不相同的吉祥图案和纹饰、文字等，宛如一只立体花篮，其审美效果、价值也就毋庸详述了。

总而言之，灶头画融合了人们的衣食住行、风俗礼仪和美好理想，不仅具有上述的民俗文化价值，还具有诸多科学方面的文化价值。

三、乡村振兴中的实践效果

党的十九大作出的"实施乡村振兴战略"重大决策部署，是新时代"三农"工作的总抓手。文化振兴是乡村振兴的重要组成部分，也是传承弘扬中华优秀文化的根基。通元镇位于海盐县西南部，与海宁市交界，是一个地名源于三国赤乌年间所建"通玄寺"的千年古镇，也是古代鲍郎盐场所在之地，历史悠久，文化底蕴丰厚。海盐县通元镇的各级领导、部门正是充分认识到了这一重要意义，在实施乡村振兴战略中充分利用和发挥当地优秀传统文化的作用，并取得了比较显著的实践效果，其中灶头画文化就是较有代表性的实例之一。

1. 保护、研究灶头画概况

充分利用和发挥当地优秀传统文化，海盐县通元镇在保护、研究灶头画方面有深厚的基础。

1985年，通元镇率先把灶头画发掘出来，先后收进《海盐县志》（王德坚主编，1992年浙江人民出版社出版）、《通元镇志》（胡永良主编，1993年上海人民出版社出版）、《海盐县文化志》（胡永良主编，2011年浙江人民出版社出

版）等地方志中。1993年10月，胡永良、王雪军撰写的首篇研究灶头画的论文《海盐灶头画初探》，在中国民间工艺美术学会第十届年会上宣读（公开发表于《中国民间工艺》1995年总第15期），该文填补了国内有关灶头画研究的空白。之后，胡永良发表系列灶头画文章，吸引了各类媒体纷纷进行采访报道。

《江南传统灶头画——国家级非物质文化遗产项目嘉兴灶头画代表性传承人赵生波作品集》于2020年6月由浙江大学出版社出版。该书收录彩色灶头画实例百余幅，将单幅灶头画分为人物故事、神祇、动物、风景、器物、文字、植物、纹样八大类，配文字简介。

2. 传承发展灶头画，助力美丽乡村建设

一直以来，通元镇党政领导和县镇两级相关部门对灶头画的传承和发展予以高度重视，给予人力、财力、物力等多方面的大力支持。如开辟灶头画教学、展示基地，开展灶头画比赛、进校园等活动；在村镇开展的各类文娱、民俗活动中均有灶头画现场演示；在部分农家乐、村文化礼堂中有灶头、灶头画实物展示等。2018年和2019年，通元镇先后获得"浙江省文化强镇""浙江省民间艺术（灶头画）之乡""浙江省非物质文化遗产旅游景区·非遗主题小镇（灶头画）"等荣誉称号。

灶头画历来是美化农家厨房的主要民俗事象，也是体现农耕文明的主要形式之一。随着社会的发展、美丽乡村建设的推进，营造优美生态环境成为其中一项重要举措。近年来，在农家厨房内，一般除了置有全套现代化炊具外，还会专制一座传统的花篮灶，其灶画或由印有吉祥图案的釉面瓷砖镶贴，或仍由灶画师手工绘画。因为此灶除了在传统祭祀灶神和举办红白喜事、节假日招待宾客时使用外，平时很少使用，所以一直很整洁美观。此外，在不少农家乐、村文化礼堂、乡愁记忆馆等场所，有原生态的灶和画，分别具有观赏、实用功能，成为美丽乡村中一道别具一格的亮丽风景线，为美丽乡村建设立下一份汗马功劳。该镇丰义村于2018年和2019年分别获得"浙江省美丽乡村精品村""嘉兴市十大美丽村落""浙江省美丽宜居示范村""美丽浙江魅力示范点""浙江省美丽乡村美育村（社区）试点单位"等荣誉称号。

3. 灶头画融入文旅产业，助推乡村振兴

乡村振兴，包括乡村产业振兴、乡村人才振兴、乡村文化振兴、乡村生态振兴、乡村组织振兴。其中，乡村文化振兴即包含着力传承发展中华优秀传统文化的任务。中华文明根植于农耕文化，乡村是中华文明的基本载体。灶头画就是农耕文化的产物之一，是中华优秀传统文化的组成部分。通元镇的优秀传统文化众多，在抢救、保护的基础上，不少各级非遗项目在传承、发展中与美丽乡村建设、文化旅游产业等融合起来，成为乡村振兴的珍贵资源，其中灶头画尤为突出。除上文所述助力美丽乡村建设之外，现再简要列举如下两个方面：

一是将灶头画融入旅游产业。近几年来，通元镇采用多种形式，相继把灶头画引入多处农家乐饭店、农庄和村文化礼堂、镇村乡愁印记馆等场所，既为美丽乡村增添了亮丽风景线，又成功创建成各级别网红风景区，吸引游客纷至沓来体验和欣赏，取得了显著的社会和经济效益。如海伦庄园，内有5座传统灶头和灶头画，年均接待游客30余万人次，2018年获得国家AAA级旅游风景区称号；丰义村建有"海盐灶头画教学基地"，林（茶）场和农家乐饭店内建有多座传统灶头画，2018年成为浙江省AAA级景区村庄，2019年游客达16余万人次。

二是开发与灶头画相关的文化创意产品。近年来，有的灶头画传承人和手工艺人制作了可移动的原型和缩小型灶头画工艺模具产品推向市场，深受不少企事业单位和爱好者的青睐，目前正在申请专利并拟注册商标。2019年4月，国家电网海盐县供电公司与通元镇人民政府签订了《乡村振兴用电提升工程合作框架协议》，其中重点是双方协作实施农家土灶"柴改电"（即把用柴草烧煮饭菜改用电源烧煮）工程，目前正在该镇雪水港村进行试点，然后再逐村推广。从已改造好的灶头来看（见图4），既保留了灶头画的传统形态，又使厨房、灶头更整洁美观，还可定时、定温烧煮，省时省力。而其改建所需资金、资源，则采取"农户少出一点，镇村多补一点，供电企业提供电力保障和技术支持"的方式来筹措，故广受农户欢迎，参与户数几乎全覆盖。

图4　柴改电灶头及县级灶头画
传承人赵生波的灶头画作品

综上所述，灶头画这一处于濒危境地的优秀传统文化，在通元镇得到显著和有效的保护、传承和发展，从而使这一国家级非遗瑰宝有了长盛不衰、恒久传承的生命力。从上面的案例中，我们似乎可以得到一些有益的启迪：在当前不少非遗项目面临濒危的状态下，灶头画为何能得到有效的保护和发展？其答案是，只要紧紧抓住各种有利机遇，不失时机、因地制宜、上下齐心协力努力践行，就能达到这一目标。在实施乡村振兴战略时，充分认识实施乡村振兴战略的重大意义，把实施乡村振兴战略摆在优先位置，灶头画的案例正是一个很好的例证。◈

"杨一刀"：剪不断的刻纸情缘

——国家级非遗项目"金坛刻纸"代表性传承人杨兆群访谈

采访人：蒋正聿　　受访人：杨兆群

摘　要：本文通过访谈国家级非遗项目"金坛刻纸"代表性传承人杨兆群，对其四十余年刻纸艺术生涯及代表作品进行重点梳理；有针对性地回顾了杨兆群走访全国剪纸民间老艺人并大量收藏剪纸作品的事迹，以及杨兆群作为主编之一的《当代剪纸家》三册书籍的出版历程；关注杨兆群在发扬中华剪刻纸艺术上的创新举措和他在疫情期间刻纸艺术上的作为。

关键词：国家级非遗；金坛刻纸；杨兆群；《当代剪纸家》

一刀一刻总关情，66岁的杨兆群剪纸生涯已有四十余载，素有"杨一刀"的美誉。2008年北京奥运会期间，杨兆群与他人合作的代表作品《从雅典到北京》惊艳亮相，得到时任奥委会主席萨马兰奇的高度赞赏，同年被国家博物馆收藏。翌年，德艺双馨的杨兆群获评国家级非遗项目"金坛刻纸"代表性传承人。2010年起，他自费寻访百位剪纸老艺人，搜集和收藏他们的剪纸作品，并记录了这些剪纸老艺人的珍贵影像资料。2016年，作为世界非遗中国剪纸的传承人之一，以及"风雅常州"文化交流活动的特邀嘉宾，杨兆群亮相美国曼哈顿联邦大厅国家纪念馆，现场创作剪纸作品，直观地向外国友人展现中华剪纸魅力。

杨兆群以刀代笔，刚柔并济，遨游在刻纸艺术世界中，镂刻出华夏文明的万千姿态，多幅作品入选中央文明办公益广告，其中作品《福入家门须靠节俭》被《人民日报》整版刊载。杨兆群以中华剪纸的保护与传承为毕生的责任和使命，至今已收藏45000余幅剪纸作品。在他作为主编之一的三册《当代剪纸家》中，收录了他十年来对民间剪纸老艺人的走访经历。杨兆群对剪刻纸艺术的一腔赤诚和生动实践，在中国剪纸及刻纸史上书写了浓墨重彩的一笔。

一、结缘刻纸近五十载

金坛刻纸的历史可追溯至明清时期，那时金坛百姓为了驱鬼祛邪、祈福迎祥，逢年过节每家每户都会剪出花笺张贴在门楣或者神龛上。作为金坛籍当代知名刻纸家，您得到过哪些刻纸启蒙？您是如何走上刻纸道路的呢？

我从小与刻纸结缘。幼年时，邻居大伯刻黄杨木图章，我帮着磨磨刀，也偷学一点；邻居哑巴奶奶会剪鞋花，我一放学就去玩儿，把鞋花拿过来摸摸，试着用刀来刻，就这样耳濡目染得到了最初的启蒙。

高中时，我创作的刻纸作品《八个样板戏》入选金坛县中小学生美术作品展。1975年，那年我20岁，参加了金坛县文化馆的美术培训班，一边画"农业学大寨"的宣传画，一边创作刻纸作品。1976年，我创作的刻纸作品《大干促大变　普及大寨县》，首次入选"江苏省农民画展览"。现在想起来，那时候也是金坛刻纸的一个"黄金时代"。上世纪70年代后期，金坛刻纸在全国范围内颇有名气，有"江南一枝花"的美誉。

1982年，我回到老家朱林镇，在电影院画宣传画，还是离不了刻纸这一"本行"。那时搞计划生育，我在老式幻灯片上，就这个主题用刻纸的形式创作了《春到十里湾》，获得江苏省

作者简介：蒋正聿，复旦大学艺术人类学与民间文学研究生。
　　　　　　杨兆群，国家级非遗项目剪纸（金坛刻纸）代表性传承人，常州市金坛剪刻纸艺术中心艺术总监。

二等奖。上世纪90年代初，我被调入服装厂做厂长，心里头还是想着这把刻刀。

我的刻纸艺术，刀法细腻，线条流畅，融合了中国画的线条美、版画的对比美、年画的色彩美、微雕的刀法美等。我尤其擅长大尺幅作品创作，关注中华传统文化，作品富有生活气息，江南韵味浓厚。

2008年，您的合作代表作品《从雅典到北京》得到时任奥委会主席萨马兰奇的高度赞赏，他对您领衔创作出的这幅奥运巨幅献礼作品表示诚挚的祝贺，后来该作品及萨马兰奇的签名信均被国家博物馆收藏。请您谈谈这幅作品的创作历程。

北京申奥成功后，我萌生了为奥运献礼的想法。经过前期的筹备，我牵头组织其他四位民间刻纸艺术家成立了一个创作小组，历时四年创作了这幅巨幅刻纸作品。为收集第一手资料，我多次赴希腊雅典、英国伦敦等地实地考察，终于在2007年12月，一幅长29米、高2.008米的合作刻纸作品《从雅典到北京》创作完成。2008年北京奥运会前夕，我们惊喜地收到国际奥委会主席萨马兰奇的签名信，他称赞其为杰作并由衷表示祝贺，我们非常感动，后来这件巨幅作品被国家博物馆收藏。

我的另一幅表现江南水乡丰收喜悦的套色刻纸《丰收的喜悦》，以年画为主要表现形式，同样被国家博物馆收藏，还刊登在《人民日报》（海外版）上。

您在刻纸上多有成就，著作颇丰，这是大众都知晓的。我发现，您于2015年出版了个人摄影集《非洲的故事》。您业余酷爱摄影，我想大家会和我一样很想了解一个问题，在您心目中，摄影和刻纸的关系是什么样的呢？

摄影是我的一大业余爱好。我常拣着相机前往世界各地采风，出版了个人摄影集《非洲的故事》。2015年是世界反法西斯战争胜利七十周年，中国新闻摄影学会和中国企业家摄影协会组织我们这批企业摄影家自费赴欧洲多地拍摄"二战"老兵，用镜头记录这一重要历史时刻。

摄影积累的素材及拍摄手法为我刻纸的创作提供了不少启迪，也进一步促进了我刻纸技艺的提升。近些年来，我将自己的摄影作品和刻纸作品相融合，进行新的探索尝试，发觉摄影与刻纸组合起来，有相得益彰的效果，给观众以耳目一新的观感，这个创意也得到了大赛评委的肯定。我有多幅作品获奖，如作品《和谐》获2014年中国工艺美术精品展"百花杯"金奖。

二、走访全国各地民间剪纸艺术家

2010年初，您开始了走访全国百位民间剪纸艺术家的计划。十年来，您遍访各地剪纸艺术家，广泛收集全国优秀剪纸艺术家作品。请说一说您在走访中印象特别深刻的故事。

我想，许多珍贵的剪刻纸作品总要有人去收集整理，不然以后大家就再也看不到了，希望我的努力能为国家剪刻纸艺术留下珍贵资料和历史记录。

这些年，我走过陕西、山西、河南、内蒙古、广东、福建、湖南等地，已走访了65位剪纸艺术家。我要与时间赛跑，尽自己的力量，为剪纸事业做点事。

2010年5月，我踏上了首趟寻访之旅，第一站是延安安塞这个剪纸大县，前去拜访了安塞剪纸国家级非遗传承人高金爱。当时高金爱已经89岁高龄，家里很小，只有一间房，她给我看她的剪纸作品，让我自己挑。我象征性地挑了7张不同门类的作品，不好意思再拿了。

走出高金爱老人家，我在山顶停下脚步，回过头拍摄老人住的房子。这时，老人的儿子追了过来，急切地叫道"杨老师，杨老师你等一等"，随后送上5斤小米和一卷报纸，我一看，那就是刚才在她家看到的包着100张老虎剪纸的报纸。那年是虎年，老人剪了100只老虎，她把其中的50张送给了我。我当时激动得不得了，怎么也不敢想她会给我这么多。高金爱托儿子捎了话，作品交给我保存比留在她自己家里有意义。我听到后，打心底感激她对我的这份信任。

可是没想到，离我的访谈日一年只差一天，高金爱就去世了。听闻这噩耗，我心里有说不出的滋味。自此以后，我调整了之前的寻访思路，先访谈70岁以上的剪纸老艺人，抢救性地为后人留下老一辈剪纸艺人的影像资料。到现在，我已走访了65位老艺人，其中15位已经不在了。本来今年年初联系好去贵州和云南拜访剪纸老艺人，不过因为新冠疫情搁浅了。

2012年，我在甘肃平凉开会，听说85岁的陕西延长县剪纸艺人刘兰英身体状况不佳。一得知这个情况后，我立即花了近 1800 元租了辆出租车，连夜赶往延长县，终于寻访到这位老艺人。翌日我采访了刘兰英老人，抓紧时间给她和她的作品都录了像。这次走访后不久，这位老人也逝世了。

贵州黔东南的潘套九是中国剪纸申报世界文化遗产的 22 位剪纸艺术家之一，我询问了许多人，都迟迟未能收藏其原作。有一次，别人送我一幅小的作品，我也一直没能证实是不是她的原作。今年春节期间，正好看到有一篇谈"二月二龙抬头"的文章，配上了潘套九的龙剪纸作品。于是我通过《民艺》杂志执行主编孙建君联系到文章作者鲁汉，他给我提供了图样，还是没能得到原作。我继续收集剪纸国家级非遗传承人的作品，跟贵州姜文英取得了联系，并收藏了她的作品，顺带问她认不认识潘套九。出乎意料的是，她告诉我潘套九是她的奶奶，随后她给我引荐了潘套九的女儿姜树妹，她那里有潘套九的作品。姜树妹微信发给我潘套九的作品，正面是剪纸，反面是画稿，这是最原汁原味的作品。我倍感欣喜，当即收藏了潘套九的 10 幅作品，稍后姜女士一口气给我寄来了 14 幅，我由衷感谢。用心寻得有缘人，得来全不费工夫，原本我收藏中最大的缺口，如今变成了最丰富的一块。

这一路走访剪纸艺术家，酸甜苦辣，故事很多，我都觉得很难忘。剪纸艺术靠剪刀，刻纸艺术用刻刀，即便工具不完全相同，却都是纸间上的艺术。艺术创作上也有不少共通之处，作品都讲究细心雕琢不能划断，我也从剪纸老艺人那里汲取了丰富的创作营养。

这些民间剪纸艺术家珍贵的访谈资料以及您的手记，陆续收录进目前已出版的《当代剪纸家》三册书里。这三册书图文并茂，可读性极强，一经问世，即受到了剪纸界业内同仁及广大读者的好评。

我是这套书的主编之一。这三册书历时三年才出齐。2018 年 1 月出第一本，2019 年 1 月出第二本，今年 5 月出第三本，它们集结了主编王少丰和我、副主编王继红和李滔、艺术指导曲青棠的大量心力，大部分素材来自我和 4 位剪纸家好友联合创办的剪纸期刊《当代剪纸家》微刊。《当代剪纸家》现在每月出两期，接受广大剪纸爱好者的投稿。正如《当代剪纸家》序言编创团队所言，"以全新的视角关注剪纸人的生活动态、创作动态和创作观念，以敏锐的触角捕捉大地上传来的每一种独特声音，并为它们的碰撞、交融寻求契合的舞台。在传统与现代、观念与才情的不断比较和融会中，当代剪纸，既是对传统的承袭与敬畏，也对传统和当代提出更富有探索性的挑战和疑问"，"在商业潮流弥漫整个艺术市场时，本书始终以清晰坚定的目光迎接光风霁月、浮翠流丹，并在日复一日'同美者的美，同智者的智'相互拥抱和对辽阔事物的想象中构建了属于自己的远方。所谓艺术无墙，文化无界，这种来自多元整合所迸发出的力量和智慧使当代剪纸呈现出包容宽阔的气度和清雅松弛的艺术张力"。我想，剪刻纸艺术的发展和传承正需要这样一份笃定和执着。

几年前，我一度对是否坚持剪刻纸事业感到过彷徨。印度电影《摔跤吧，爸爸》对我启发很大，心里很感谢这部电影。看完电影，我的心情久久不能平静，回家写了长长的日记，感慨曾得过全国摔跤冠军的父亲由于偶然的机遇发现两个女儿极有摔跤手的天分，从此悉心培养女儿，把人生的希望寄托在两个女儿身上，并最终取得了成功，我心底里也把剪刻纸当成自己的爱女，一定要把剪刻纸再做下去，对得起中国的剪刻纸文化。到目前为止，我已经投入了五六百万经费，用于剪纸收藏和刻纸创作，希望保护并传承好老祖宗的文化遗产，同时期望剪刻纸艺术能为更多人关注并喜爱。

三、创新之路越走越宽

传承与创新两者相辅相成，您经常在省内外做"金坛刻纸的传承与创新"主题讲座，在常州的小学免费开设刻纸课程，在当地高校当客座教授，为艺术传承不遗余力。

我先后在常州朝阳二小、金坛白塔小学等学校开设免费刻纸培训课程，早前我受聘为常州工业职业技术学院的客座教授，2019 年该校成立了以我名字命名的工作室。建立工作室，我希望多多加强与地方高校的联系，在高校教师和青年学生中弘扬刻纸文化，激发剪刻纸艺术蓬勃的生命力。

我听说您门下有两位杰出的弟子，精研刻纸艺术，传承名师衣钵，已取得了不俗的成绩。是这样的吧？

我的大徒弟是个有近二十年经验的刻工了，刀功非常好，手也很巧，现为常州市市级非遗传承人。二徒弟毕业于中国美术学院，美术功底很好，几年来长进很快，在江苏省首届乡土人才技艺技能大赛中获剪纸组一等奖。我常跟她俩说，要向前辈学习，互相学习，取长补短，继承传统，一道将剪纸艺术发扬光大。

大力传承剪刻纸艺术之余，勇于创新，跨界融合，在这方面您已经有所作为。如将剪纸和宋祖英演唱的《长湖荡歌》配合起来做成MV，并推出多项剪刻纸文创衍生品，另外还申请到剪刻纸两项国家专利。请您谈谈您的创新之路。

非遗传承与创新并不矛盾，我也在积极探索创新的路子。前几年，金坛区政府请宋祖英演唱了主题曲《长湖荡歌》，由徐沛东作曲，郑南作词，歌唱了金坛人文景点长荡湖优美宜人的自然风光。我将剪纸巧妙地与年轻人喜爱的动漫结合起来，根据歌词内容邀请罗枫一起创作出了40几张剪纸，另请深圳动漫公司做成了动画MV，以这首《长湖荡歌》作为背景乐，情景交融，颇有新意，荣获中华文化促进会"中华剪纸艺术创作成就奖"。

我还在创新剪纸业态上花功夫，已拥有两项国家专利，一是"立体感观剪纸刻纸作品裱装镜框"，二是"LED刻纸艺术灯"。LED刻纸艺术灯是目前销量最好的文创产品。

另外，还推出了其他融入剪纸元素的产品，如把龙城古运河剪纸图案印在丝绸上做成丝巾，还有扇子、雨伞，样式精美。

今年初，新冠疫情来势汹汹，全国同心抗疫，各地国家级非遗传承人面对突如其来的新冠疫情，以强烈的时代感、责任感和使命感助力文化抗疫。这期间，您创作了抗疫主题刻纸作品《中国必胜》并展出，确实值得我们钦佩。

常州金坛是低风险地区，年后我向政府申请了许可早早复工。我上午搞创作，下午及晚上整理收藏，生活过得很充实。

作品《中国必胜》是我专为这次抗疫创作的，画面上有雷神山、火神山和钟南山院士。钟南山院士背靠国旗，代表着背后是国家的力量。另外还刻画出莲花、仙鹤、灵芝等吉祥图案，盼望着国家能早日战胜这场疫情。这幅新作已入选中国民协、中剪会举办的抗疫微展。

抗疫期间，我还花功夫推进刻纸作品电子化的工作。近几个月来没有人打扰，我有时间精力把作品好好整理一次，翻拍照片、扫描，已经有一部分进入电子档案，我已收全申报世界文化遗产的22位剪纸艺术家的作品，现在正努力把所有剪纸国家级非遗传承人的作品收全。

前面您提到大运河题材的创作。近两年，您投入大量精力在大运河百米长卷创作中。2019年，您牵头创作的合作作品50米大运河长卷在常州刘海粟美术馆展出，这幅缩小版大运河作品，被中央电视台《共同关注》《朝闻天下》等栏目报道。已有50米大运河杰作在前，您为何再次牵头创作大运河百米长卷呢？而在今年新冠疫情背景下，大运河百米长卷的整体创作还顺利吗？已经进展到什么程度了？

最近两年，我创作的主要精力在《源远流长江山秀——大运河》百米长卷上，汲取了之前50米大运河作品的创作经验，进一步丰富完善，精益求精，希望这次呈现的百米大运河长卷更为完美。

我牵头组织了北京、天津、河北、山东、河南、安徽、江苏、浙江等地11位大运河沿线刻纸家朋友共同创作，邀请诸位刻纸艺术家负责各自地域的底稿，本地作者会对当地的风土人情更为熟悉，然后再把大运河全稿统筹衔接起来。我自己也专程去大运河沿线的无锡、苏州和淮安等地采风，还查阅了众多大运河的历史资料和新闻报道，力求更精彩更详实地表现宏阔大运河的风貌。

2019年，为庆祝中华人民共和国成立70周年、中国剪纸成功申报世界文化遗产10周年，50米大运河长卷在常州刘海粟美术馆展出。到了闭馆时间，不少观众依旧驻足于这幅作品前流连忘返。长卷得到了本地观众的高度肯定，并被好几家央媒报道。

因新冠疫情的冲击，年初百米大运河作品的刻镂工作停顿了几个月，预计在9月前把作品完成，现在已经到了最后冲刺阶段，前几日我忽然发现遗漏了世界文化遗产点南浔古镇这一段，连夜赶去那里做了两天现场勘查，想尽可能地收集全大运河沿岸的一手资料。

等这幅大运河百米长卷创作完成后，接下来您又有什么计划推出呢？能透露一些您的愿景吗？

（下转第23页）

依托书法名家资源　提升学校书法教育水平

——以上海市"书法名家进校园"活动为例

徐　梅

非遗进校园

Intangible Cultural Heritage on Campus

摘　要：为大力普及和广泛弘扬中华书法，上海市积极开展"书法名家进校园"活动，着力提升全市中小学生书法知识水平和技能。本文以上海市"书法名家进校园"活动为研究对象，基于大样本调查数据和实证研究活动质量，深入分析主要成效和存在的不足；结合统计分析结果和专题座谈情况，提出有针对性、可行性、操作性的政策建议，助推全市中小学书法教育水平不断提升。

关键词：书法名家进校园；学校书法教育；政策建议

书法教育不仅是书法技能的学习，更是中华传统文化的传承，具有提高审美能力和文化品位、增强文化自信与爱国情怀等育人功能。2014年4月，根据《国家语言文字工作委员会、中国书法家协会关于开展"书法名家进校园"活动的通知》《上海市语言文字工作委员会、上海市教育委员会关于组织开展上海市"读懂中国，传承经典"校园文化传承系列活动的通知》，上海市语言文字工作委员会、上海市教育委员会联合上海市书法家协会，决定开展上海市"书法名家进校园"活动。"书法名家进校园"活动（以下简称"活动"），依托书法名家资源，进一步带动学校师生提高书法教育水平，大力促进书法文化的传承和发扬。

为进一步开展好上海市"书法名家进校园"活动，充分发挥书法名家的引领带动作用，提升全市学校书法教育水平，促进书法技艺的普及推广，2019年以来，笔者对全市"书法名家进校园"活动开展情况进行了深入调研，选取了10所代表性学校，对学生、教师和管理者进行了问卷调查，有效回收学生问卷278份，教师和管理者问卷181份，样本容量比较大，为摸清活动开展情况提供了坚实的数据支撑。同时，笔者也主持召开了专题座谈会，广泛征求上海市各区语委、书法特色学校、书法专家等

有关意见建议。通过调研和座谈，基本摸清了活动开展的现状和取得的成效，准确界定了当前存在的问题，进一步明确了学校、教师、学生等有关各方对活动的需求，并在此基础上提出有针对性、操作性的对策建议，力求为更好开展本活动提供有力支持。

一、活动开展情况及成效

上海市语言文字工作委员会、上海市教育委员会、上海市书法家协会坚持"以文化人、提升素养"的核心理念，将立德树人和提升学生的人文素养作为开展"书法名家进校园"活动的着力点和落脚点，秉持"书写方块字，展示汉字美，传承中华魂"的工作思路，让学生走进中华经典，热爱中华文化，树立文化自信，从而自觉传承弘扬中华优秀文化，践行社会主义核心价值观。

1. 主要做法

市级层面，将活动纳入上海校园文化建设传承创新发展行动计划，通过举办书法专题讲座、开展书法教研活动、建设书法视频课程、推选优秀教师参加"中小学教师国家级培训计划"、举办师生书法展、开展课题研究等途径，促进书法艺术的传承和弘扬。区级层面，指导各区结合工作实际，依托课程建设开展书法教

作者简介：徐梅，上海市政协民族和宗教委员会专职副主任、上海市书法家协会青少年工作委员会副主任兼秘书长。

育，并邀请书法名家走进校园，积极营造良好的书法学习氛围。

这些年来，活动重点做了三方面的工作：

第一，开展各类讲座，提高师生人文艺术素养。上海市语言文字工作委员会联合上海市书法家协会，选派周志高、张淳、周斌、潘善助、徐梅、白鹤等30多位书法名家走进校园，围绕书法基础知识、书法鉴赏、书法与人文素养、书法文化精神等主题开展专题讲座，吸引5000余名师生到场聆听学习。

第二，加强教研引领，提升教师书法教学水平。上海市语言文字工作委员会联合上海市教育委员会教研室，开展以"传承美丽汉字，提升书写能力"为主题的"书法名师与一线教师毛笔字教学同课异构"教研活动，进一步探究毛笔字教学的策略与实效。同时，积极组织全市教师开展书法课教学技能展示活动，总结科学有效的课堂教学方法，有效提升了教师的教学技能。

第三，加强书写展示，激发学生书法学习兴趣。组织开展了"墨香书法展示""楹联创作书写展示"，举办"读懂中国，传承经典"优秀书法作品展等，激发了学生书法学习的浓厚兴趣，提升了学生书法欣赏水平。

2. 主要成效

这些年来，活动主要成效集中体现在五个方面：

第一，打造了一支"社会名师＋本校教师"联动合作的书法教学队伍。经问卷调查，根据图1—图3显示，86%的学生认为书法名家具有良好的教学态度，很重视该活动，积极做好授课准备；81%的书法名家为学生提供书法学习的咨询和辅导服务；81%的书法名家综合运用多种教学形式来提高书法教学效果，形成了书法名家乐于教学、本校教师善于教学的校园书法队伍。

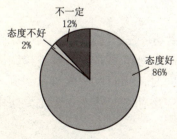

图1　学生对参与活动的书法名家教学态度的看法

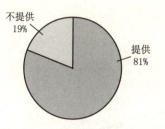

图2　参与活动的书法名家为学生提供咨询、辅导的比例

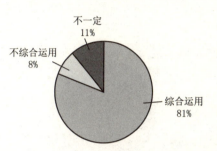

图3　参与活动的书法名家综合运用多种教学形式提升教学质量的比例

第二，制作了一批精品课程和教材。邀请上海市书法家协会周志高、张淳、潘善助、周斌、唐金海、沈培方、白鹤等知名书法家主讲并制作了以"魅力汉字"为主题的"书法入门常识""书法演变""书法鉴赏""中国书法的文化底蕴和内涵""书法与音乐的共通处""书法风格"等系列书法教学视频课程，作为全市书法教师培训的选修课程，广受欢迎，很大程度上丰富了书法教学内容，推广普及了书法艺术；鼓励全市书法特色学校整合社会力量自行编写书法教材，《名师教你学书法》（2017年上海教育出版社出版）、《墨香书韵》（2018年华东师范大学出版社出版）等一批接地气的书法通识教材应运而生。

第三，提升了师生的人文素养。通过书法作品征集、交流、讲座、展示等形式，全市共有数十万师生感受到了中华汉字之美，提高了语言文字应用能力和人文素养。根据图4显示，无论是学生、教师或管理者，都认为该活动有助于提升审美能力、普及书法技法、提高书写技能、增强文化自信。

第四，获得了较高的师生满意度。根据图5显示，79%的学生对书法名家的教学质量感到满意。根据图6显示，78%的学生对活动很满意。根据图7显示，72%的教师和管理者认为该活动效果较好。

非遗进校园 Intangible Cultural Heritage on Campus

非遗传承研究 2020（3）

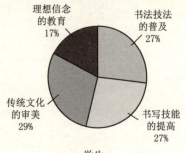

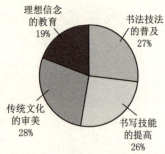

图 4　师生对活动效果的看法

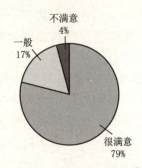

图 5　学生对参与活动的书法名家教学质量的看法

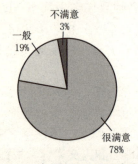

图 6　学生对活动的满意度

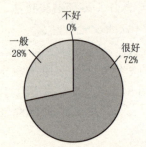

图 7　教师和管理者对活动开展效果的看法

第五，形成了良好的品牌效应。根据图 8 和图 9 显示，65% 的教师和管理者、64% 的学生对该活动比较熟悉，62% 的教师和管理者、72% 的学生认为该活动已成为品牌活动。

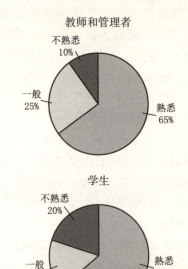

图 8　师生对活动的熟悉程度

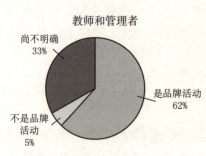

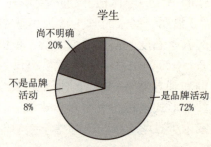

图 9　师生对活动的认可程度

二、活动存在的问题

在看到上海市"书法名家进校园"活动取得成绩的同时，我们也清醒地认识到，活动在开展过程中还存在一些不足，主要集中在四个方面：

第一，活动普及度不够高，受益面较为有

限。每年全市聘请的书法名家有 30 多位，但有教育经验特别是善于教学的书法家还不多，而且活动惠及的学校也比较有限，目前未能普及到全市各类中小学。此外，优先安排名师教学的书法特色学校，也未能惠及到各个年级的所有学生，存在受益学校和受益学生比较有限的问题。

第二，活动开展频率不够高，教学时间较短。活动没有比较固定的开展频率，往往是在教学任务完成后，抽出一两个课时请书法名家走进学校，目前还做不到定时定点开展。此外，书法名家上课时间比较短，部分学生反映，课堂上还没有练上几个字，活动就结束了。再者，受制于场地和时间，书法名家进行现场指导的机会少，与学生互动交流的时间不够充分。

第三，活动教学内容不够系统，教学形式较为单一。目前活动的主要形式是专题讲座或创作展示，其他形式运用得比较少，而且书法名家讲解的主题具有一定的随意性，系统性不够强，有时讲解的内容又过于深奥、专业，学生接受起来有一定困难。

第四，活动机制不够健全，经费缺乏可靠保障。学校开展活动需要自主联系书法名家，且书法名家认定标准还很模糊，学校层面可获得的书法名家资源又很少，供需矛盾比较突出，缺少联络聘请书法家的有效机制。此外，学校缺乏开展活动的专项经费，外请书法名家存在困难，影响活动开展的可持续性。

三、进一步改进活动的建议

进一步办好"书法名家进校园"活动，需要全市教育主管部门和学校各司其职，加大工作力度，全力推进全市活动制度化、常态化开展，最大限度地发挥传承书法文化、培训书法师资、促进书法教学、提升书法技能的积极作用，不断营造学校书法学习的浓厚氛围，有序推进书香校园文化建设，持续提高中小学生的书法书写能力、作品鉴赏水平和传统文化素养。根据对问卷的数据汇总和统计分析，以及专题座谈情况，我们分别从教育主管部门层面、学校层面提出相应的改进建议。

1. 对教育主管部门层面的改进建议

要主动加大制度供给，着力强化服务保障，为进一步办好活动，提升全市书法教育水平提供有力支撑。

第一，加强书法教师队伍建设。活动开展的目的之一是培养和建设适应学生书法教学的师资队伍。首先，要从编制和制度上为书法教师提供可靠的职业保障。教育主管部门、人事部门要统筹确定学校各类教师编制，增设专职书法教师岗位，细化明确专职书法教师比例，从编制上确保书法教师岗位吸引力和队伍稳定性。同时，探索建立书法教师专门职称评定制度，使得书法教师有更好的职业发展路径，从而吸引更多教师专职从事书法教学，引导社会上的各类书法人才进入中小学书法教师队伍。其次，多措并举扩大书法教师供给。引导普通高校开设书法专业及相关课程，可在文学艺术类一级学科开设书法专业，也可以在中文专业开设书法辅修科目，将这些专业的毕业生作为书法教师队伍的重要来源。尤其要在师范生中大力普及书法教育，鼓励师范类院校更加重视培养和提高师范生的书法能力和教学水平。加大兼职书法教师供给，逐步形成以语文美术教师为主体、其他教师为补充的书法教师队伍。再次，加强书法教师的培训。国家层面，可以选调书法教师参加全国中小学书法教师"翰墨薪传"培训项目；省（市）级层面，可以由教育主管部门委托地方书法家协会设立书法教师培训中心，定期开展书法技能培训，为其从事规范汉字书法教学创造条件；区（市）级层面，可以举办书法技法讲座、教研指导和书法观摩活动。最后，还可引入社会力量和发挥市场作用，请书法名师加强对学校兼职书法教师的培训，鼓励学校以购买服务方式让社会培训机构深度参与中小学校书法教育，以弥补书法师资及教学能力等方面存在的不足。

第二，加强书法教材建设。一方面，应明确总体编写思路和原则。书法教材编写应该依照《义务教育语文课程标准》，以及高中语文、美术、艺术等相关课程标准和教学纲要的要求，编写出与学生需求适应、与语文教学同步、与美术教育互通的优秀书法教材，循序渐进地安排教学内容，引导学生在完成不同阶段学习任务的同时逐步提升书法技能。另一方面，需考

非遗传承研究 2020（3）

虑编写内容的侧重点。小学阶段以规范汉字书写为目标，低年级与识字同步，以硬笔为主、软笔为辅，注重基础临摹，高年级可涉及行楷。初中阶段学生书写技法和艺术欣赏相结合，软笔硬笔兼顾。高中阶段学生以兴趣为导向，书史通论、品读鉴赏和作品创作并举，提高学生的书法综合能力。

第三，加强对学校教学活动的支持。一方面，积极支持学校定期开展活动。针对小学、初中、高中等不同阶段的书法教育，提出分层分类的教学要求，开展丰富多彩的教学活动。另一方面，组织相关学校进行学习交流和成果展示。支持并激励学校开展各类书法活动，如优秀临帖展、学生书法展、青少年书法比赛等，进一步拓宽学生视野，展示学生成果，加强交流互动，浓厚校园书法学习氛围，增强学生对中国传统文化的兴趣和热爱。

第四，进一步扩大活动覆盖面。根据图10显示，超过半数的教师和管理者认为，该活动应覆盖全市中小学。如果把认为全覆盖或部分均可的29%教师和管理者考虑在内，那么至少六成以上教师和管理者认为应当扩大覆盖面。为此，建议各级教育主管部门加大活动普及力度，力争全市所有中小学都能开展，并普及到各年级学生，切实提高学生受益面。同时，选取一些开展效果比较好的学校作为典型示范，加大宣传推广力度，进一步提升活动的品牌效应。

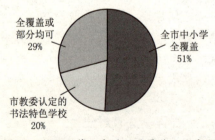

图 10　教师和管理者对活动覆盖面的看法

第五，进一步明确活动的书法名家范围。根据图11显示，63%的教师和管理者认为，该活动应建立"书法名家专家库"，供中小学校自由选择名师。建议各级教育主管部门会同学校、书法家协会，共同研究"书法名家专家库"

建设，并在专家库中好中选优，聘请教学经验丰富的书法家更多走进学校从事书法教学活动。书法名家的界定不能片面追求名气，需要综合考虑书法水平和教学能力，德才兼备，尤其应重点发挥年轻书法家群体的作用。

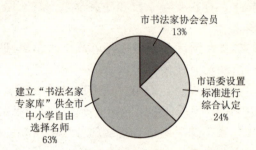

图 11　教师和管理者对参与活动的
书法名家范围的看法

第六，加大对活动的经费保障力度。根据图12显示，63%的教师和管理者认为该活动应通过教育主管部门购买服务的方式开展，34%的教师和管理者认为该活动应通过区级教育主管部门购买服务的方式开展。为此，建议各级教育主管部门从传承中华优秀文化的高度，切实加大对活动的经费保障力度，解决书法师资紧缺的问题，为提高学校整体书法教学水平，为活动的顺利开展创造良好条件，提供资金支持。

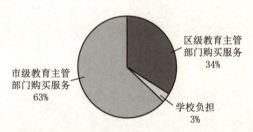

图 12　教师和管理者对活动经费来源的看法

2. 对学校层面的改进建议

要在机制建设、教学管理、学生培养等方面加大工作力度，多措并举利用好书法名家资源，策划开展好活动。

第一，构建活动长效常态化机制。根据图13和图14显示，无论是学生还是教师和管理者，都认为活动应列入教学计划，常态化开展。建议各学校将活动列入每学期的教学计划定期开展，提高活动开展频率，形成长效常态化教学机制，并结合学校和学生实际，因地制宜，富有特色地开展活动。同时，针对教学时间短的瓶颈问题，可以进一步延长教学时间，增加书法名家与学生的互动机会，寓教于乐，不断提升全市中小学书法教学水平。

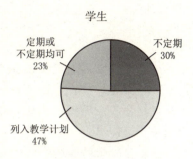

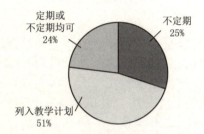

图13　相关主体对活动开展频率的看法

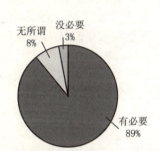

图14　教师和管理者对活动是否需要常态化开展的看法

第二，进一步加强教学管理。进一步丰富教学形式，可采用现场授课、网络教学、书写实践、作业展示、讨论交流、社团活动、兴趣小组、书法比赛、书法文化节等不同形式，满足各类学生的学习需求，提升学习效果。当前，移动终端为书法教育提供了更加宽广和有利的平台，其便携性在书法教育中有着独特的比较优势，学校可以探索通过平板电脑和手机等终端开展中小学书法教育。同时，学校也可以利用美术馆、博物馆等公共资源，进一步营造中小学生的书法学习氛围，拓展书法学习空间。

第三，积极发挥书法名家培训中小学书法师资和发现书法人才的作用。根据图15显示，54%的教师和管理者认为，与直接指导学生相比，该活动通过培训师资可以更好地发挥书法名家的作用。为此，建议书法名家在进校园传授书法技艺的同时，同步加强对书法教师的培训，进一步提升中小学的专职和兼职书法教师的教学水平。书法家在教学过程中，也可以通过观察，发现一些书法爱好者和有培养潜力的学习苗子，进一步加大培训力度，努力使一些教师和学生逐步成长为未来优秀的书法家。

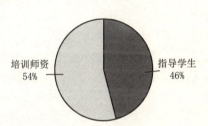

图15　教师和管理者对活动更好地发挥书法名家作用的看法

书法教育是一个系统工程，必须多方合力，协同推进。依托"书法名家进校园"活动资源来提升中小学书法教育水平，需要教育主管部门、书法家协会和学校各司其职，加大工作力度，全力推进活动制度化、常态化开展，最大限度地发挥传承书法文化、培训书法师资、促进书法教学、提升书法技能的积极作用，不断营造学校书法学习的浓厚氛围，有序推进书香校园文化建设，持续提高中小学生的书法书写能力、作品鉴赏水平和传统文化素养。相信在有关各方的共同努力下，上海市"书法名家进校园"活动和中小学书法教育水平一定会再上新台阶。◆

上海市嘉定区非遗的传承与保护

陶继明

摘　要：上海市嘉定区非遗的内容丰富，项目繁多，有明显的地域特点，它们是"教化嘉定"的重要组成部分，也是嘉定区文化软实力的具体展现。嘉定区有区级非遗项目28个、市级非遗项目9个、国家级非遗项目4个。嘉定区重视非遗保护工作，地方政府每年都有一定数量的经费投入，每逢文化遗产日、民俗节庆日，都会开展对非遗保护的宣传；还通过举办展览，普及非遗知识；举办非遗讲堂，让非遗进社区、进学校、进课堂。嘉定区建立了一支非遗专业队伍，定期报告各街镇的非遗工作进展，对传承人实施精细化管理等。

关键词：上海市嘉定区；非遗；申报；保护；传承

嘉定区位于上海市西北部，这里人文荟萃，风物清嘉，素有"教化嘉定"的美誉，非遗的内容丰富，项目繁多，有明显的地域特点，是嘉定区文化软实力具体展现，也是一个地区最稳定的文化基因。

我自2005年开始从事非遗保护工作，至今已经15个年头了，亲历了嘉定区非遗保护与传承工作从起步开创，探索发展，到逐步成熟的全过程。回顾15年的风雨历程，这里有我们挥洒过的辛勤汗水，有收获的成功喜悦，还有倾诉不尽的故事。

一、我与非遗保护工作的结缘

我与非遗工作结缘是一个偶然的机遇。2005年，文化部正式启动了第一批国家级非物质文化遗产保护工作，首先要做项目的申报工作。当时，我在嘉定博物馆工作。当年8月的一天傍晚，我正在上海少年儿童浏岛活动营地为学生做历史知识讲座，主管非遗工作的嘉定区文广局副局长蔺乐平打电话给我，让我立即赶到局里，参加紧急会议。嘉定区文广局局长燕小明开门见山地说，国家启动了非遗申报工作，各省市上报的项目都已完成，文化部领导在审核这些项目时，发现闻名遐迩、有五百年历史的嘉定竹刻没有上报，就立即实行了倒逼机制，让上海市文广局的领导亲自打电话到嘉定区，要求嘉定竹刻必须参加首批非遗申报工作，并限时在短期内完成。

嘉定区文广局领导知道我此前长期做竹刻研究工作，收集了较多的文献资料，就委托我做这项工作，要求我在三天之内完成申报书和《嘉定竹刻艺术》电视片的脚本。我日夜奋战，三天完成了这两项任务。脚本完成后，立即投入电视专题片的拍摄。为了顺利推进申报工作，区文广局成立了临时项目组，由我牵头，组成一个团队，成员有张伟忠、杨富英、朱德谟、李莉坤、汪健等人。我们怀着高度的使命感和责任心，在短时间内完成了嘉定竹刻的申报工作。我们的申报文本和电视片得到国家非遗保护工作评审会专家们的高度评价，被列为申报样本。2006年5月，国务院公布了《第一批国家级非物质文化遗产名录》，嘉定竹刻名列其中。这是嘉定区非遗保护工作良好而成功的开头，想不到我从此与非遗工作结下了不解之缘。后来，嘉定区文广局顺势而为，成立了嘉定竹刻协会，创建了嘉定竹刻博物馆。

我们的努力受到有关部门的肯定和嘉奖，2007年6月，我有幸被评为文化部非物质文化遗产保护工作先进个人，赴北京在人民大会堂接受奖励证书，荣幸之余，深感责任重大。

二、嘉定区非遗的排摸和申报

2005年8月，嘉定区成立了非遗保护办公室，非遗项目的申请和保护成了经常性的工作，这个办公室设于嘉定区文化馆内，由嘉定区文化馆派专人从事此项工作，行政上受嘉定区文广局

作者简介：陶继明，上海市嘉定博物馆副研究馆员、上海市嘉定区非遗保护专家组组长。

领导，2019年改由嘉定区文旅局领导，业务上受上海市非遗保护办公室指导。嘉定区非遗办聘请了专业人员担任评委，我有幸被大家推选担任专家组组长。嘉定区非遗办成立后，规定了严格而复杂的评审制度，我们立即投入工作。

嘉定区非遗的内容丰富，项目繁多，有明显的地域特点。经动员和摸底，首先由各街镇以及有关单位排摸对象，确定项目，填写申报书，具体工作由各街镇文广中心操作和指导。非遗申报工作分成三个层级：区县级、省市级、国家级。2007年，经过嘉定区非遗办的反复论证评审，同年3月29日，嘉定区人民政府公布了马陆篾竹编织技艺、江南丝竹、嘉定锡剧、石担石锁、茶担舞、荷花灯舞、徐行风筝等7个区级非遗保护项目。同年6月5日，马陆篾竹编织技艺、江南丝竹又被升格为上海市级非遗项目。在评审过程中，我们采取宁缺毋滥的严谨态度，对那些渊源不清、属地不定、传承不明的项目，坚决予以一票否决。之后，每一两年就会公布一批区级非遗项目，同时又将质量较高、影响较大的区级非遗项目向市及国家主管部门推荐，争取提升级别。

至2019年，我们先后评审公布了9批41个非遗项目。区级非遗项目共有28个，包括嘉定锡剧、黄渡沪书、外冈田山歌、南翔灯谜、茶担舞、荷花灯舞、古琴艺术、嘉定传统龙舟赛会、嘉定传统儿童游戏、嘉定盆景技艺、顾氏纸绣、露香园顾绣、古琴制作技艺、洞箫制作技艺、石担石锁、徐行武术、徐行风筝、孙氏太极拳、嘉定捏作、娄塘弹硌路铺设技艺、刻漆、皮雕、陶瓷修复技艺、海派花丝镶嵌工艺、挑花工艺、陈氏儿科疗法、娄塘塌饼制作技艺、罗汉菜制作技艺。市级非遗项目共有9个，包括江南丝竹、马陆篾竹编织技艺、郁金香酒酿造技艺、徐行炙糕制作技艺、江桥羊肉、精制花茶制作技艺、小青龙舞龙会、药斑布印染技艺、郑氏妇科疗法。国家级非遗项目共有4个，包括嘉定竹刻、徐行草编、上海道教音乐、南翔小笼馒头制作技艺。非遗项目一经公布，就具备了法定的意义。

在非遗项目中，还有一项重要内容就是项目传承人。经过反复筛选，嘉定区目前的非遗项目传承人共有34人，其中国家级传承人2名，市级传承人7名，区级传承人25名，他们肩负着尽力传承和发扬非遗的光荣使命。

令人遗憾的是，在这几年中，嘉定区的国家级非遗传承人逝世1人，市级非遗传承人逝世1人，青黄不接的形势更加严峻。

三、嘉定区非遗的保护与传承

嘉定区非遗项目的保护和传承是一个系统工程，面广量大，需要持久不懈的努力。

嘉定区各级政府都十分重视非遗保护工作，提供扶持专项资金和经费。除了国家、上海市的资金支持，嘉定区各级地方政府每年也都有一定数量的经费投入，以保证非遗的保护和传承能顺利、持久地展开。

嘉定区重视非遗保护专业队伍的建设，现已建立了一支非遗保护专业队伍，主要由专业工作者和普查员组成。工作人员定期报告各街镇的非遗工作进展，上报非遗项目保护月报表、工作计划、年终工作总结等，使嘉定区非遗办及时掌握各个非遗项目的动态信息。健全非遗传承工作机制十分必要，我们把非遗保护项目的资料采集（录音、摄像、相关信息采集）作为常态性工作来做。尤其高度重视即将失传的项目，将其列入抢救性工作，利用现代高科技手段真实、系统、全面地记录和保存，以免珍贵的非遗资料流失。

根据传承人传承模式的不同，嘉定区对传承人实施精细化管理，保持与非遗传承人的经常沟通，关心他们的工作与生活，解决他们的实际困难，营造良好的氛围。嘉定区注意后续人选的培养（传承人履行授徒职责），使非遗保护项目后继有人，有效传承。为了给非遗传承创造更好的条件和环境，在嘉定区人民政府的支持下，我们先后为嘉定竹刻、徐行草编、南翔小笼、马陆篾编、嘉定锡剧等创建了工作室，提供经费，提供场所，让非遗工作者有自己的家园。近年来，嘉定竹刻、徐行草编、江南丝竹等项目都举办了传承人培训班，面向社会，广泛吸收对这些项目有兴趣、有情怀、肯学习的苗子，予以重点培养。

我们还邀请有关专业人员编写教材，在上海工艺美院（嘉定校区）、马陆育才联中、黄渡中学、嘉定一中、城中路小学、嘉定劳技中心设置了嘉定竹刻特色教育课程。另外，我们还帮助残疾人举办了嘉定竹刻"阳光工程"活动，让残疾人通过学习竹刻技艺，掌握一门谋生的手艺。徐行草编项目也创编教材，当地幼儿园更是把它作为"本土化民间游戏"的课程，激发孩子们的浓厚兴趣。徐行小学设立草编作品陈列室和草编工艺动态展示室，把草编融入教学，作为小学和中学兴趣班的课程之一。

四、嘉定区非遗的宣传和普及

为了让嘉定区广大市民了解非遗，走近非遗，进而重视非遗，十几年来，嘉定区有关部门积极开展非遗宣传和普及工作，增强全民保护意识。每逢文化遗产日、重大节庆，有关部门就以宣传活动为载体，开展对非遗保护的宣传。比如，通过举办展览，让社会各界充分了解非遗；合理利用电视、网站等大众传播媒介，广泛传播非遗保护工作的重要性，增强全民抢救和保护意识。

非遗项目只有走向社会，走向学校，才会真正为人民大众所认识，所重视。嘉定区动员有关部门及社会力量，大力普及非遗知识，举办非遗讲堂，让非遗进社区、进学校、进课堂。我们把非遗项目制成图文并茂的专版，到社区、学校巡展，让市民和学生了解非遗。每逢暑假，嘉定博物馆、嘉定区文化馆、嘉定区图书馆都会组织和举办非遗夏令营，开设非遗讲堂，举办非遗特展，邀请有关专家和传承人举办讲座，让中小学生参与非遗活动。同时，我们还委托嘉定竹刻协会、上海汉未央传统文化促进中心、百合书院文化艺术推广中心、上海幔亭空间、上海嘉定振丹社工事务所等社会团体和组织，开设非遗讲堂，举办各种非遗展示活动，展开非遗项目的体验互动。嘉定竹刻、南翔小笼、徐行草编、徐行武术、安亭药斑布、江南丝竹、挑花工艺、嘉定盆景制作、黄渡沪书、娄塘塌饼制作等，逐步成为受到大众普遍欢迎的项目。非遗活动深受学生和家长的欢迎，几乎场场爆满，甚至远在上海市区和江苏邻县的爱好者们都会赶来参与。如2020年嘉定博物馆组织的"安亭药斑布暑假非遗活动"，使学生们对这个产生于八百多年前的非遗项目，由好奇变成热爱，原本打算组织一次，后经学生和家长的强烈要求，又增加了一次。

我们组织有关专家编写出版了《嘉定竹刻》《徐行草编》《南翔小笼》《道痕遗韵：嘉定道教与道教音乐》等一系列非遗著作，深受读者的欢迎。此外，还创作了反映小笼包历史文化的连环画《笼香百年》、长篇故事《风雨日华轩》、话剧《日华轩》，以及反映徐行草编的舞蹈《草编女儿》，这些文艺作品紧扣时代精神，生动地再现了非遗项目的历史和现实，在社会上产生了广泛的影响。

五、嘉定区非遗的研讨和交流

这些年，通过"请进来"和"走出去"的方式，我们积极开展非遗项目的展示与交流活动。

嘉定竹刻2006年被公布为国家非遗项目后，当年11月就举办了"城市的记忆——嘉定竹刻艺术特展"，之后又连续多次举办传统与当代作品展示会，曾先后两次举办全国性的展览会，在社会上引起巨大反响。2018年，为向嘉定建城八百周年献礼，在嘉定举办了"竹缘匠心——明清嘉定竹刻珍藏展"，集中了嘉定及全国各地28位民间收藏家百余件竹刻作品，引起巨大反响。

2007年及2010年，嘉定区先后举办了两次"竹刻学术研讨会"，各地竹刻艺术家和研究者到嘉定参会，发表观点，还出版了论文集。2012年，嘉定区派员参加了在上海举办的"国际竹刻学术研讨会"，提交了论文。南翔小笼自2007年公布为上海市级非遗项目后，南翔镇每年都在10月举办一次"南翔小笼文化节"，至今已办了13届，越办越精，越办越热闹，越办影响越大。南翔镇政府还召开"南翔小笼文化研讨会"，各路专家纷纷发表高见。此外，嘉定区的非遗项目还积极参与"汽车文化节"和"旅游购物节"活动，非遗产品受到大众的欢迎。

近年来，嘉定非遗项目开始走出本地，走向外省市，走到了海外，先后与甘肃天水、贵州赤水等地开展非遗展示和交流活动。2010年，嘉定竹刻赴台北地区举办展示和交流活动。2018年，嘉定竹刻到日本东京展示交流。南翔小笼制作技艺不仅在香港、澳门、台湾等地区展示，还远赴重洋，到欧美、东南亚以及澳大利亚和日本等地交流展示，引起这些地区与国家的巨大兴趣，使小笼文化蜚声中外。

六、嘉定区非遗的公益活动

嘉定区非遗项目在受保护的同时，在其条件好转时，也回馈社会，开展公益活动。非遗传承人不仅有使命感，还有责任心，如嘉定竹刻传承人王威接受上海女子监狱"学一门手艺净化心灵"艺术学习班、嘉定区司法矫正人员竹刻培训班的邀请，担任义务指导教师。通过这个竹刻培训班，让服刑人员学习一门技艺，在他们回归社会时有一技之长。

（下转第71页）

云非遗在云社区的传播实践

周笑梅

摘　要： 2020年"文化和自然遗产日"活动举办过程中，上海市长宁民俗文化中心采取云非遗传播的模式，开展云非遗进云社区的传播实践。这一传播实践给传播活动举办方、活动参与方都带来非凡的实用性。

关键词： 云非遗；云社区；传播；互动

非遗需要活态传承，也需要不断传播，这样才能生生不息，成为我们民族文化的"显性基因"。作为上海第一批从事非遗保护的工作人员，我经历了从起步到非遗保护条例完善，进而到非遗立法完成的全过程。这些年来，非遗保护工作日渐发展成熟，但传播永远在路上。我不禁思考，传播，尤其是社区传播过程中，怎样以小的代价、少的人力成本，去追求较好的效果。2020年是个特殊的年份，云管理和云服务成为一种新型方式。2020年"文化和自然遗产日"活动举办时，上海市长宁民俗文化中心采取云非遗传播的模式，开展云非遗进云社区的传播实践。

一、云非遗如何传播

非遗进社区的传播方式很多，可以进学校和社区做讲座推广，播放宣传片，教授讲解非遗手工技艺等，也可以通过微信、抖音、b站等新媒体吸引更多关注，后者即云非遗进云社区。

1. 做好传播策划

2006年起，国务院把每年6月的第二个周六作为"文化遗产日"，2017年起，调整设立为"文化和自然遗产日"，以此推动全民对文化遗产保护的参与。在文化遗产日，怎样才能做好非遗的传承传播？我更关注的是传播内容和传播手段的匹配。

像这样统一规划和组织的"文化和自然遗产日"活动，与大型公益宣传策划活动的实施方式大体相当，在策划方案上有几个关键点也

基本相同，比如活动目的都是传达目标信息，评价标准都是目标信息传播得是否快速。确定主题是大型传播类活动策划的起点，也是重点，但主题确定的来源不同，思考活动目的的入手点也是不同的。"文化和自然遗产日"是国务院设立的节日，各地组织"文化和自然遗产日"活动时，主题和目标是有统一要求的，也就是说，"文化和自然遗产日"活动的策划者重点思考的是怎样把主题以最佳的方式传播出去。

今年"文化和自然遗产日"的活动按照全国统一的标准和要求进行，同时结合本地区文化特色，在直播前后还及时展示非遗保护的优秀成果，公布新的非遗项目名录、"非遗小达人"名单、非遗基地名单等，更重要的是向普通民众呈现出生动的非遗实践。

2. 选择传播方式

云非遗的传播相比其他传播层面上的信息互动更为复杂。多数非遗项目只能在云端看到最终的作品，这并不能达到信息传递的终极目的，这使得云非遗传播策划特别关注非遗传播的规律。

2020年的特殊之处是新冠病毒疫情摆在眼前，"文化和自然遗产日""上云"成了最大共识。所以举办活动时自然要选择既有健康含义，又能表现小康生活的非遗项目，表现形式上必须避免人群聚集，所以务必以网络线上为主。

今年的活动首先突出守护健康主题和家庭主题。我们调查盘算了今年的非遗传承人、保护单位的创作及区内现有可以利用的资源，最

作者简介：周笑梅，上海市长宁民俗文化中心主任兼党支部书记，副研究员。

终确定的表现形式是一系列线上活动。通过"上海市民俗文化中心"微信号、同名抖音号、同名 b 站号、上海长宁"文化云"app、上海人民广播电台 FM93.4、广播电台融媒体等平台开展了四个系列的线上线下活动。采取云展、云演、云讲、云售、云游等多种方式，让听众全方位了解长宁的非遗文化场所。举行"上屏导播"，教观众学习非遗手艺，与非遗传承人"屏"中见面，听一听非遗传承背后的故事。制作非遗达人表演抖音视频，这一直播方式完全做到了直观近景展示非遗技艺的创新实践，使公众直接感受到多彩非遗。

通过这次以线上直播为主的非遗传播，让参与者更好地与传承人进行互动，观其行解其意，追求其"匠心独具"的境界。网络上的互动看起来容易，实际操作的情况与线下的直接见面方式比起来其实并不容易。线下系列活动以"非遗创造美好生活"为主题，根据防疫要求开展团体预约，组织观众参观"奔向小康，改革开放长宁区变化摄影展"，参加线下活动的群众亲自动手制作"避疫爱心香包"作为一个系列的活动。北新泾六村村民制作的"避疫爱心香包"还得到了视察旧小区改造工程的上海市委书记李强的表扬。

二、云非遗传播实践

对于我们这些单位来讲，在实地进行传播活动，有着巨大的优势，无论是受众数量还是影响力都很大。但在虚拟的"云端"，网络均衡平等地给人们提供了丰富多彩和数量众多的内容，每一个人的手机都是一台发送传输信息的终端，可接受巨大的信息量。同时，接受的信息是由受众直接控制的，打开屏幕和关闭信息、转换屏幕的速度是一样的。这就要求我们优化传播内容，每一帧画面、每一个音符都要有让受众停下来的吸引力。我们今年精心策划了如下云非遗传播实践活动。

1. 用社会热点点燃避疫香

长宁区区级非遗项目"江南传统文人香事"代表性传承人吴清的"闻香避疫"香事课堂，从文人用香与宗教用香、生活用香、医药用香的区别入手，向网友介绍有着数千年历史，承载中华民族哲学观，作为中华礼乐文明重要组成部分的中国传统香文化，带领网友"云参观"历代香炉展和闻香礼仪，讲解避疫香的起源、配料、制作和使用。课堂仅有的 10 个线下名额 3 秒抢空，开讲时线下 10 人全部到场，线上超过 10 万人同时在线，受欢迎程度完全超过预期。

2. 提供高雅的艺术人文欣赏

"丝竹韵弦外音"连续四期直播活动，由国家级非遗项目"江南丝竹"代表性传承人沈凤泉老人携儿子沈多雷、女儿沈多米与杭州艺术职业学院师生隔空联手，共同为"云端"的观众介绍了江南丝竹这一民间音乐的发生由来及乐曲风格变化，推广了以艺养心、怡心养身等民间音乐理念，并与观众一起在线欣赏了由专业音乐人导赏的音乐会。通过深入解读、导赏，带领观众领略江南丝竹音乐艺术的魅力。观众在线上观看的同时还有机会与重量级嘉宾问答互动，"丝竹韵弦外音"民乐推广活动成为联动长三角文化艺术"云合作"，打造以网络为平台的文化惠民活动。

3. 借助融媒体平台覆盖长三角

在本次非遗宣传系列活动中，影响力最大的应该是在上海人民广播电台《长三角之声》栏目播出的大型非遗融媒体系列节目《非遗来了》《非遗会客厅》《非遗声音纪录片》，节目《长宁，家门之外便是非遗所在》对长宁区非遗项目"江南文人香事"的传承人吴清、虹桥中心花园的书记和经理进行访谈，介绍调动全社会力量进行非遗保护的经验。活动中，我们还把长宁区蛋雕、石雕这些在保护方式上有特色的项目推荐介绍给长三角的听众，突出介绍了长宁区非遗保护工作的力度和富有推广价值的经验。

4. 提供网络稀缺资源

今年"文化和自然遗产日"唯一的一场演出是长宁沪剧团的传统西装旗袍戏《上海屋檐下》，整场大戏在网络上是不多见的，一般会涉及版权、影响线下演出上座率等现实问题。上海市长宁民俗文化中心提供这出由专业剧团上演的大戏，引起网上追戏热潮也是情理之中。除了剧情感人至深外，它是全体主创人员第一次直播演戏，这种形式在沪剧演出历史上也是第一次。谈及此次创作，导演、演员们纷纷表示这是自己艺术生涯中宝贵的探索经历和难忘的记忆。演员和乐队在直播演出前戴着口罩排练，一场疫情考验文艺工作者的职业素养，线上直播也对演出管理提出了更新、更高的要求。

5."二维码教室"传授手工艺

在疫情期间和"文化和自然遗产日"活动月中，上海市长宁民俗文化中心举办了以"艺起前行"为主题的"爱心避疫香囊""扎五彩绳""绘脸谱""抗疫彩蛋绘制""小满装饰伞制作"等十几个线上手工艺课程。在疫情最严重的时期，把手工材料包以快递的方式送到报名成功的学员手中。通过微信群发送二维码，学员可进入"二维码教室"，在线听老师讲解制作技巧，这在非遗宣传和抗疫鼓气方面反响良好。"二维码教室"这种新型的传播上课手段，在组织群众性活动中发挥了重要作用。

三、云非遗传播实践的反思

这次"文化和自然遗产日"的策划组织虽然受到疫情影响，非遗传播转变为"重线上轻线下"，但这种传播方式实用性非凡。以下分别从传播活动举办方、活动参与方两个层面进行分析。

1. 传播活动举办方

第一，现代传播手段对现有人才的能力和硬件设备提出挑战。网络传播对演出准备、演出管理提出了更高的要求，在每秒按"兆"流量传递的网络上，一丝丝的疏忽都会使观众感到卡顿带来的不适感，影响体验和满意度。从演出来讲，舞台演出时因为视觉分散，观众间相互影响，舞台上的小瑕疵不会对剧情造成影响；当人们把视线聚集于小小的屏幕时，演出中微小的瑕疵，比如道具上的破损，很容易被观众发现。

第二，直播过程中互动。网络直播的互动有其局限性，观众用发弹幕或者发表评论的方式，互动虽然多，但往往表达的是浅显的瞬间的感受。为了调动观众长久关注，并能进行相对深入的思考，在组织直播活动的过程中，不仅要重视镜头前的演员表演，还要在镜头后配备多名熟悉专业的专家在直播中与网友不断互动，及时回应网友提出的问题，这样不仅能扩大粉丝量，还能放大传播效能，传播的广度和深度效果将更为显著。

第三，上传的信息资料及时保存。作为活动的组织者，线上传播的最大好处是传播的内容可以直接作为原始资料进行保存，丰富了非遗数据库。

2. 活动参与方

第一，对比线下的传播，小屏幕带来了大感受。通过网络传播的非遗项目，尤其是手工制作技艺类的非遗项目，在细腻的摄像镜头的帮助下，观众可以看到在线下现场容易忽略的制作细节，更多地感受到非遗艺术之美。活动中，非遗"粉丝"的数量稳步提升，这些"粉丝"的黏性较强，很有可能会成为某类手工艺的长久爱好者，甚至成为永久研究者。

第二，隔屏互动，录播和现场两方面都要付出努力。在现有的网络条件及拍摄技术等因素的制约下，录播加现场互动的效果是最好的，因为互动必须实时呈现，而屏幕的播放必须完美呈现，现有的网络直播摄像配合难度相当高，所以先录制播放内容，讲座教师或者演出主创在直播时段与观众互动将会起到事半功倍的效果。

第三，网络传播具有可重复性和时段自选性，这样的传播能够使观众有充裕的时间细致地观察学习非遗知识，从而产生更深的感悟。这一点，从直播过程中的弹幕和观众的留言中能够充分反映出来，而且观众间相互的影响也将加深观众对非遗的了解。◆

芝兰之香当久远

——著名昆曲表演艺术家蔡正仁谈昆曲传承

蔡正仁 口述　王月华 整理

2001 年，联合国教科文组织将昆曲列为"人类口述和非物质遗产代表作"；2006 年，昆曲被列入第一批国家级非遗名录。2018 年 12 月，教育部办公厅公布北京大学为昆曲中华优秀传统文化传承基地。

为什么昆曲在非遗中的地位如此重要呢？笔者为此采访了国家级非遗项目昆曲的代表性传承人、"中国非遗年度人物"、国家一级演员、上海昆剧团前团长、著名昆曲表演艺术家蔡正仁先生，他曾荣获第四届中国戏剧"梅花奖"、第五届"上海白玉兰戏剧表演艺术主角奖"、第十三届"文华表演奖"、上海市文化艺术"杰出贡献奖"，有"小俞振飞"之美誉。

一、从"昆山腔"到昆曲

昆曲，源自"昆山腔"，是中国古老的戏曲声腔、剧种，又称为"昆剧"。昆曲是汉族传统戏曲中最古老的剧种之一，是戏曲艺术中的珍品，被称为戏剧百花园中的一朵"兰花"。

从明朝算起，昆曲已有六百多年历史了。昆曲在漫长的风风雨雨中，时而跃上巅峰，时而跌入谷底；时而被捧若珠宝，时而被弃若小草。忽热忽冷的昆曲情结，忽明忽暗的昆曲命运，让历代有识之士为它的延续生存平添了诸多牵挂。

明代戏曲音乐家魏良辅不仅最懂昆曲，而且对昆曲的改革创新功劳最大。他流寓太仓，十年磨一剑，尽洗乖声，清除昆曲中违背音律的"倒字腔"，以追求字正腔圆的艺术效果。他主张"调用水磨"，把曲调设计得委婉细腻，像"水磨"那样软绵滑润。他将"拍挨冷板"的板式，制定成舒缓的清唱板式，并交由鼓师指挥，

使唱腔优美动人。他还将昆曲语言定为"中州韵"，疏通了大范围传播中的障碍。他又选定了曲笛作为昆曲的主奏乐器，与"水磨腔"珠联璧合。这样，昆山腔重新获得了知音，走向了雅化的境界。

自然，昆曲在表演样式改变创新的过程中，一些剧作如梁辰渔创作的《浣纱记》、孔尚任创作的《桃花扇》和洪昇创作的《长生殿》等，使昆曲产生了更诱人的艺术魅力。于是在戏剧百花园中，昆曲以格律严谨、戏文典雅，得到了"阳春白雪"的佳誉。

戏剧是综合艺术，既互相感染，又互相竞争，一些地方戏在汲取了昆曲中精美的表演程式的同时，摒弃了繁琐的曲牌，创立了平易近人的板腔体系，形成所谓的"花部"戏曲。到了清朝后期，昆曲终被以新鲜、通俗的徽剧和京剧压倒，致使昆曲艺人纷纷改行，剧团纷纷解散。

但昆曲毕竟是经过数百年锤炼的经典艺术，为了使昆曲免遭湮灭厄运，1921 年，著名实业家、"棉花大王"穆藕初联合其他企业家、戏剧家，在昆曲的发祥地苏州成立了"昆曲传习所"。聘请全福班"大先生"沈月泉等名家教授，招收少年习艺，主学昆曲，兼学文化，培养了一批富有文化底蕴和艺术特长的昆曲表演人才。

5 年间，昆曲传习所共培养了 40 多位"传"字辈演员。传字后面的一个字，根据不同的行当，用玉、草、金、水四个字傍题名。其中：

生行：斜玉旁，取玉树临风之意，如周传瑛、顾传玠等；

作者简介：蔡正仁，国家级非遗项目昆曲的代表性传承人，上海昆剧团前团长。
王月华，《非遗传承研究》特约撰稿人。

旦行：草字头，取美人香草之意，如朱传茗、沈传芷等；

净行：金字旁，意在得黄钟大吕、铁板铜琶之音，如郑传鉴、沈传锟等；

丑行：取水字，以示口若悬河之意，如王传淞、华传浩等。

这些经过专门培训的"传"字辈演员组团献艺，从继承"折子戏"入手，掌握前人的精湛技艺，并以浓郁韵味、迷人身段在舞台展演，深受好评。由于"传"字辈的努力，昆曲被传承了下来。

抗战爆发后，艺人没有心思钻研昆曲，文人也没有雅兴欣赏昆曲，结果又出现了昆曲凋零、剧团解散、艺人改行的困局。经过多年的战火摧残，昆曲更是一蹶不振。以致到新中国成立前夕，昆曲已处于奄奄一息的状态。

二、一出《十五贯》救了昆曲剧种

中华人民共和国成立后，中共中央和国务院领导与一些社会名人如夏衍、田汉和欧阳予倩等座谈，大家痛心疾首地说，如再不抢救昆曲，中华民族将失去一个宝贵的剧种。当时，国务院总理周恩来对抢救昆曲高度重视，他亲自部署，请时任文化部副部长的昆曲专家郑振铎具体负责此事。郑振铎认为要抢救昆曲，首先要培养演员。于是经过各方努力，在20世纪50年代成立了华东戏曲研究院昆曲演员训练班，1954年3月1日正式开课，我有幸成为该班学员。那时我对昆曲一点都不懂，沈传芷是我的启蒙老师，也是我的授业恩师。

1955年，俞振飞大师从香港回沪，他对我们非常关心，主动任教。后来华东戏曲研究院撤销，改称为上海市戏曲学校。与此同时，南京、杭州、苏州等地也先后举办了昆曲演员训练班。

浙江昆剧团率先在传统戏《十五贯》的剧情、唱腔、表演等方面进行了一系列的改革。该戏由周传瑛、王传淞主演，取得巨大的成功。毛主席和周总理连看两次，《人民日报》为此发表了《一出戏救活了一个剧种》的社论。一时间，市民们争看昆剧《十五贯》。

正因为《十五贯》所表现的亲和力与感染力，才使昆曲重现芬芳。可是好景不长，"文革"使昆曲再次面临消亡的命运。

曾任上海博物馆顾问、国家文物局全国古代书画鉴定小组组长的谢稚柳特别喜欢昆曲，

1977年11月他找到我说："蔡正仁，你们要尽快恢复昆曲剧团，你应该写封信给市领导，反映这个情况。"我说："谢伯伯，我不认识市领导，怎么把信件交到他们手中呢？"他说："这个你不要担心，谢伯伯一定亲自把信交给市领导。"当时的上海市委、市政府领导是苏振华、彭冲和倪志福等人。谢稚柳说："你们不恢复昆曲，我晚上睡不着觉。如果昆曲在我们手里丢失了，那我们是千古罪人啊！因为昆曲是中国戏曲发展的最高峰，是国宝。所以，中国不能没有昆曲。"谢稚柳的话语重如千钧，我立刻联系了部分同学，讲明了意愿，得到了大家的支持，并由我执笔写了一封信，交给了谢稚柳。大约一月后，传来了好消息，市领导批示：市委决定组建上海昆剧团。

1978年，上海昆剧团正式成立。此后，江苏南京、苏州，浙江杭州、永嘉，北京和湖南郴州等地相继恢复了昆剧团，号称昆曲"八百壮士"，昆曲又被救活了。正因为昆曲源于生活，所以即使昆曲处于困境时，其种子仍得以保存，时机一到，又得重生。

三、昆曲传承要贯彻"八字方针"

随着改革开放，思想解放，我认为昆曲的传承是出于保护人类灿烂文化的需要，传承不是全盘继承，而是要像当年改编《十五贯》那样，善于"在旧瓶里装新酒"，寓教于乐，让老百姓喜闻乐见。这就是摩天大楼可以造，但是龙华塔不能拆的道理，而且对于它的保护要"修旧如旧"。为此，我觉得，要让昆曲传承下去，既可以是阳春白雪，文辞深奥，格律严谨，也可以是市井俚语的提升版。所以要使剧作家解放思想，既要继承传统，又不能被传统所累，认为昆曲高不可攀，望而生畏，而不敢问津，影响了新剧目的产生。

我认为，从某种角度上说，"好看好听"是成功的首要。过去昆曲以装束典雅、唱腔优美、表演细腻吸引观众，以生旦戏为主，讲述的大多是才子佳人的爱情故事，譬如《牡丹亭》《桃花扇》等。在保持昆曲以优雅和浪漫吸引观众的同时，要考虑现代人的要求，要有时代感，贴近当代观众的审美情趣是今后创作的努力方向。

20世纪80年代，文化部提出了"保护、继承、创新、发展"振兴昆曲的"八字方针"，我认为对这八个字要综合落实。在我担任上海昆

昆遗传承研究 2020 （3）

剧团团长时，我首先考虑的是：出人出戏。我秉承上海昆剧团演出剧目"三条腿走路"的传统：一是经典折子戏，二是整理改编传统大戏，三是新编剧目。

如演出《牡丹亭》《长生殿》《玉簪记》等剧得到观众的好评。20世纪90年代末，《长生殿》受邀赴日本演出，天皇的侄子高原宫殿下不仅观看了演出，而且接见了主要演员。2005年，上海昆剧团根据洪昇五十折的《长生殿》编排，经过两年多时间的排练，开排成四本《长生殿》，于2007年5月首演成功，票房飘红。此后，四本《长生殿》北上首都，东赴台湾，获奖无数。2010年5月，精华版《长生殿》还荣获"文华大奖"榜首（作者按：蔡正仁获"文华表演奖"榜首）。2011年，四本《长生殿》到德国科隆大剧院演出。2012年，精华版《长生殿》拍成了电影。我觉得这些接二连三的创作、演出，正是全面贯彻文化部提出的"保护、继承、创新、发展"振兴昆曲的"八字方针"所取得的成绩。

其实，搞好昆剧的传承，需要锲而不舍地培养一代又一代的演员。20世纪20年代"昆曲传习所"培养了40多位"传"字辈昆曲演员，50年代通过戏曲学校培养了60位"昆大班"的演员，到现在已经培养了"昆曲五个班"的学员。这为昆曲注入了新鲜血液，为昆曲保护积聚了后续力量。

我认为，想成为一名专业的昆曲演员，通常需要在戏曲学校学习8年至10年，其中还有半路被淘汰的。所以传承昆曲艺术，没有长远的人才培养计划是不行的。为此，尽管我年已八旬，但是还在指导学生习艺。我三生有幸，既能得沈传芷的启蒙指导，又得俞振飞的倾心相授，至今感恩。沈传芷出身昆曲世家，给了我最为传统、规范、扎实的训练。如他手握小木块，不停地在桌上一板三眼地敲着，嘴里发出绵绵不绝的曲调。这样一遍又一遍，深奥文雅的曲文、细腻婉转的唱腔，便深深地烙进我的脑海里，融进我的血液里。俞振飞出身书香门第，他那美妙动听的嗓音、儒雅潇洒的做派，让我不由自主地想要模仿和追随。俞振飞演出，我千方百计去看，熏着、闻着老师的气息，同行说我举手投足间竟有了几分俞振飞的神韵。所以，我认为，昆剧是形象、语言、肢体、动作的综合艺术，要一代一代传承下去，什么时候都离不开手把手传授。

对于学生来说，既然认同昆曲是"百戏之师"，就要有学昆曲的荣誉感，只有多流汗、多动脑、练好"唱、念、做、打（舞）"基本功，不仅做到有板有眼，还要有所突破，形成自己风格，才能推陈出新，塑造有血有肉的各种人物。

另外，昆曲振衰起敝不仅要培养演员，也要有的放矢地多培养和吸引年轻人。近年来，为何越来越多的年轻人走进剧场欣赏昆曲？这是因为昆曲对年轻人已经慢慢有了吸引力。他们遵守剧场礼仪，"挑剔"的观众越来越多。一些青年还拿着剧本来看戏。这说明受众对文化认同的渴求正有意无意地在传承昆曲艺术。

我现在经常思考的是，昆曲从魏良辅创造"水磨腔"成功算起，距今已近五百年的历史。如何让这种古老的艺术形式真正走近民众、走进生活？我感到中国的戏剧讲究情节的生动、曲折，注重品味、唱腔，重视一招一式的演技，《十五贯》的改革成功就是典范。现在一些演员追名逐利，不愿意刻苦钻研技艺，这种状况除了必须尽快纠正外，还需要对演员从小就加强艺风艺德教育。

的确，昆曲是中国戏曲发展的最高峰，其剧目有几千本，艺术成熟。中国约有三百多个剧种，无不受昆曲的影响。如京剧"四大名旦"梅兰芳、程砚秋、尚小云和荀慧生都是先学昆曲，再学京剧的。他们学昆曲都是为学好京剧打基础。尤其是梅兰芳从早年就学习昆曲戏并一直演到晚年，他运用昆曲戏中各种身段作为素材，加以提炼，在古装戏中创造剑舞、绸舞、袖舞等，都是歌舞合一的表演方式。

还有，越剧鼻祖袁雪芬的《梁祝》、严凤英的黄梅戏都是从昆曲中吸取营养后取得成功的。昆曲糅合了唱念做打、身段舞蹈和武术，并将其结合得严丝合缝。以曲词典雅、行腔婉转、表演细腻著称，是南戏系统下的曲种之一。昆曲以鼓、板控制演唱节奏，以曲笛、三弦等为主要伴奏乐器，其唱念语音为"中州韵"，这是绝无仅有的。

我现在考虑最多的是昆曲的语音表达如何与时俱进，因为昆曲韵律严格，要求演员演唱时，唱出字头、字腹和字尾。这种唱法既体现了"高深"，也可能对昆曲发展是一种"缺陷"。这种唱法，有一定文化水平的观众能听懂，也能理解，而一般观众难听懂，难理解。这就是曲高和寡脱离听众的原因之一。昆曲"唱"非常重要，要把字头、字腹和字尾三部分唱准，谈何容易。俞振飞大师把"唱"归纳为"十六种腔格"。有的演员掌握得较好，有的演员把握不够。

由此，我认为在演唱时，抛弃唱字中的"切分音"，即字头、字腹和字尾，把字的"头腹尾"融合在一起，很自然地唱出来，成为一个完整的字，但又不失韵味。要达到如此效果，演员必须下功夫苦练。对于观众的听觉感受倒是去除了繁杂，清楚了许多。我在《长生殿》和《牡丹亭》的演出中都已经进行了有效的尝试，并取得了满意的效果。特别是我在教戏时，要求学生也要把字的"头腹尾"融合在一起，唱出来。

唱腔是戏曲中最本质的内容，昆曲以其丰富多彩的曲牌组合、迂回曲折的细腻运腔而独具风韵，令世人刮目相看。但时代在发展，审美情趣在改变，昆曲在漫长的流传繁衍中，也在不停地与时俱进，改弦易辙。当然，咬字是一项十分专业而精细的工作。首先应找出昆曲远离群众的症结所在，才能对症下药。一种观点认为昆曲中大同小异的曲牌太多，难以分辨，是否可扬弃一些；还有一种观点认为，昆曲中慢条斯理的曲牌太多，是否可加速和简约一些。我认为，昆曲在传承中，在增加具有昆曲特点的丰满性唱段的同时，还要努力使音调更鲜活，更具有色彩，让观众百听不厌。

我要强调的是，从前辈代代师承而来的传统剧目是非常可贵的。因为剧目凝聚着前人的智慧，这不是某人独立发明的，而是许多代人，集思广益、千锤百炼创造出来的，有丰厚的文化积淀。传统剧目演出日渐完美，本身是一种艺术创造。传承虽有小异，但仍应保持其大同；虽有变异，但仍应保持其基本的一致性。昆剧传承，最容易失传的往往便是其最精美的那一部分。这些精华一旦失传，留下的将是不尽的遗憾。

附记：

听着蔡正仁先生这位艺术大家侃侃而谈昆曲改革，想着这位慈祥老人对昆曲传承的殷切希望，我不由地为之感动和钦佩。是啊，有这样热心昆剧改革传承的领军人物，昆剧这一传统艺术一定会如芝兰，芳香至永远。❖

（上接第64页）

上海工艺美术大师、嘉定竹刻传承人张伟忠向浙江省博物馆捐赠"浅浮雕青青翠竹尽是法身臂搁"，张伟忠的学生朱淑红、王顺建也分别向浙江省博物馆捐赠"浮雕开元宫人"及"留青孔雀"竹刻；王威、张伟忠还担任"嘉定区残疾人文化创业基地非遗传承人导师"，为残疾人精心传授竹刻技艺。

徐行奖糕传承人解荣光每逢清明、端午、重阳、春节都到徐行镇敬老院、颐康家园养老院、华二初级中学等地送糕、送温暖。还在嘉定镇街道便民服务中心、华二初中、嘉定区图书馆、嘉定西云楼广场、嘉定工业园区文广中心等地展示技艺，独立参加公益活动一百余次，受到社会各界的高度评价。

嘉定区非遗的保护和传承也呈现不平衡状态，目前，生活知识类尤其是食品技艺加工的项目比较乐观，如南翔小笼制作技艺、徐行奖糕制作技艺、罗汉菜制作技艺、娄塘塌饼制作技艺等，在保护与传承中产生了一定的经济效益。戏剧曲艺类项目，如嘉定锡剧、黄渡沪书等，因受众面较广，情况也较好。相对而言，工艺类项目因经济效益不高，加工流程费时费力，后继乏人，令人担忧。

嘉定区非遗项目尚待在深度和广度上进一步发掘，其中医药类的项目如原方泰黄墙世医、娄塘政氏世医、嘉定中医痔科、陈氏推拿等，都是较为知名的传统医药，有待申报。此外，富于吴文化特色的嘉定方言等项目，也值得申报。还有大量的工作，有待我们继续去开拓。

嘉定区非遗保护事业任重道远，永无止境，我已届花甲之年，即将告别这项心爱的工作，我由衷地希望嘉定区非遗保护工作越做越好，同时也坚信非遗必将后继有人，薪火相传，前景将会一片光明。❖

图书在版编目(CIP)数据

非遗传承研究. 2020.3/陆建非主编. —上海：
上海教育出版社,2020.11
ISBN 978 - 7 - 5720 - 0331 - 8

Ⅰ. ①非… Ⅱ. ①陆… Ⅲ. ①非物质文化遗产-研究
-中国 Ⅳ. ①G122

中国版本图书馆 CIP 数据核字(2020)第 205138 号

责任编辑　毛　浩
封面设计　毛结平

非遗传承研究 2020(3)
陆建非　主编

出版发行　上海教育出版社有限公司
官　　网　www. seph. com. cn
地　　址　上海市永福路 123 号
邮　　编　200031
印　　刷　上海昌鑫龙印务有限公司
开　　本　889×1194　1/16　印张　4.5
字　　数　140 千字
版　　次　2020 年 11 月第 1 版
印　　次　2020 年 11 月第 1 次印刷
书　　号　ISBN 978 - 7 - 5720 - 0331 - 8/G · 0245
定　　价　35.00 元

如发现质量问题,读者可向本社调换　电话:021 - 64377165